유대인 1퍼센트 부의 지름길

유대인 1퍼센트
부의 지름길

가난하더라도 부자의 줄에 서는
유대인의 부자 습관

· 김정한 지음 ·

레몬북스
lemon books

그대는 행복한 부자, 성공한 인생을 원하는가

"그대는 이 세상에 태어나 무엇을 원했는가.
그대는 원하는 것을 얻었는가."

흔히 성공한 부자라 하면 떠오르는 민족이 바로 유대인이다. 록펠러, 워런 버핏, 스피노자, 마르크스, 프로이트, 에리히 프롬, 아인슈타인, 스필버그, 빌 게이츠, 조지 소로스 등 우리에게 익숙한 인물이 모두 유대인이다. 세계인의 1%도 되지 않는 유대인들이 전 세계 정치·경제·사회·문화 등 세계의 요직을 두루 장악하고 있다. 그들은 어떻게 해서 성공을 하고 부자가 되었을까?

유대인은 어려서부터 돈의 소중함과 돈이 만들어내는 힘을 배운다. 유대인들은 '부자는 부자의 사고방식으로 부를 실천하는 사람들'임을 강조한다. 돈을 벌려면 가난해도 부자의 줄에 서라고 말한다. 유대교는 율법에 의해 '수입의 10분의 1'을 가난한 사람들을 위해 내놓아야 한다. 유대인 부모들은 자녀들이 어릴 때부터 돈을 주며 "구걸하는 사람에게 주고 오라"든지 "모금함에 넣고 오라"라는 식의 교육을 한다. 자신의 돈을 남을 위해 쓰는 것을 당연시하는 건강한 철학을 가졌다.

그들에게 돈은 마음껏 물건을 사기 위해 필요한 것이 아니라 잘 살기 위해 꼭 필요한 것이고, 기회를 만들어주며, 또한 축복의 도구라는 것이다. 그들은 돈을 벌기는 어렵지만 쓰기는 쉽다는 사실을 항상 마음에 새겨 돈의 지출에는 늘 신중하다. 부자 유대인을 보면 아주 지독할 정도로 검소하다. 그러나 꼭 필요한 곳에는 엄청난 액수를 선뜻 내놓는다. 유대인들은 부자가 되려고 하는 이들에게 먼저 검소한 구두쇠가 되라고 가르친다. "아끼고 또 아껴라!" 이것이 바로 부자 유대인들의 부자 철학이다.

행복한 성공, 행복한 부자는 마음 전체가 빛으로 가득할 때 가능하다. 그때가 오면 기적이 찾아와 모든 일들이 비범해지는 특별한 일상으로 바뀐다. 행복한 성공, 행복한 부자로 다시 태어난다.

행복한 부자로 성공한 인생을 살고 싶다면 유대인의 철학과 정신 속에서 답을 찾아라! 힘들 때 속상할 때 지쳐 포기하고 싶을 때, 과속 질주하여 멈추고 싶을 때 유대인의 명언, 예화, 생활철학을 기억하라! 그것이 힘이 되어 운명을 바꿀 것이고, 어느 날 문득 전혀 다른 세상에 살게 될 것이다. 이 책을 읽는 그대가 주인공이 되길 기대한다.

김정한

CONTENTS

PART 2
더 나은 미래를 준비하며 사는 삶

PART 3
부를 실천하며 사는 삶

PART 4

사랑하며 용서하며 지혜롭게 사는 삶

유대인의 부의 비밀은 무엇인가?

『탈무드』는 히브리어로 '연구', '배움'을 뜻하는 말로 기원전 300년 경 로마군에 의해 예루살렘이 함락된 이후부터 5세기까지 약 800년간 구전되어 온 유대인들의 종교적, 도덕적, 법률적 생활에 관한 교훈, 또는 그것을 집대성한 책이다. 『탈무드』는 권수로 모두 20권으로 12,000페이지에 달하며, 단어 수만도 무려 250여 만 자가 넘는 데다 무게가 75킬로그램이나 나가는 엄청난 분량의 책이다.

『탈무드』란 과연 어떤 것이며, 그것이 어떻게 만들어졌으며, 또 어떤 내용의 책인가를 이해하기란 쉬운 일이 아니다. 왜냐하면 너무 간단하게 말해 버리면 『탈무드』의 진정한 의미에서 벗어나기 쉽고, 그렇다고 좀 상세하게 설명하자면 그야말로 한이 없기 때문이다. 엄격히 말해 『탈무드』란 책이 아니고 문학이다. 12,000페이지에 이르는 『탈무드』는 기원전 500년부터 시작되어 기원후 500년에 걸쳐 1,000년 동안이나 구전되어 온 것들을 수많은 학자들이 10여 년에 걸쳐 수집 편찬한 것이다. 또한 이 『탈무드』는 오늘을 살고 있는 우리의 생활에도 깊이 관여하고 있기 때문에, 이것은 유대인들의 5,000년에 걸친 지혜이며, 지식의 보고라고 말할 수 있다.

그러나 『탈무드』는 유능한 정치가나 과학자 또는 철학자, 저명 인사들이 만든 것이 아니라 학식 있는 학자들에 의해 문화, 종교, 도덕, 전통 등이 망라되어 엮인 것이다. 때문에 『탈무드』는 법전은 아니지만 법률이 있고, 역사책이 아니지만 역사가 있으며, 인명사전이 아니지만 많은 인물이 망라되어 있기도 하여 백과사전 같은 역할을 하는 것이다.

인생은 무엇이며, 또한 인간의 존엄이란 무엇인가? 행복은 무엇이고, 사랑이란 무엇인가? 5,000년의 기나긴 세월을 살아온 유대인들의 온갖 지적 재산과 정신적 자양분이 모두 이 『탈무드』한 권에 담겨 있다. 이렇게 볼 때, 『탈무드』야말로 진정한 의미에서의 값진 문헌이며, 화려하게 꽃피운 문화의 모자이크이다. 서구 문명을 만들어낸 문화의 양식이나 서양 문명을 쉽게 이해하기 위해서는 무엇보다도 먼저 이 『탈무드』를 공부하지 않으면 안 된다.

『탈무드』의 원류를 찾아 거슬러 올라가면 『구약성경』에 이른다. 이것은 옛 유대인들의 사상을 모은 것이 아니라, 『구약성경』을 보완하여 그 지혜를 더한 것이라 할 수 있다. 그런 탓으로 기독교인들은 예수 출현 이후에 만들어진 유대인들의 문화는 의식적으로 무시하였으며, 심지어는 『탈무드』의 존재조차도 인정하지 않았다.

『탈무드』가 책으로 엮여 정착하기 전에는 선생에서 제자에게로 구전되어 전승되었다. 때문에 내용의 대부분이 질문하고 대답하는 형식으로 되어 있다. 또한 내용의 범위도 광범위하여 모든 주제가 히브리어나 아랍어로 기록되었다.

그리고 이것이 글로 옮겨질 때도 문장에 필요한 부호나 구두점 같은 것을 전혀 사용하지 않았고, 머리말이나 맺는말도 없는 그야말로 자유분방한 체제로 이루어져 있었다.

『탈무드』가 만들어지던 당시에는 내용이 양적으로 방대하였고, 때문에 유대인들은 『탈무드』의 일부분이 잊히는 것을 막기 위해 전승자들을 각처에서 두루 모았다.

유대인들은 그때 전승자들 가운데서 머리가 뛰어나게 우수한 사람은 일부러 제외했는데, 그것은 『탈무드』를 전승하는 과정에서 자기의 의견이나 소신을 가미할 염려가 있었기 때문이다. 그렇게 되면 『탈무드』가 왜곡되지 않겠는가?

이런 과정을 거쳐 구전되어 오던 『탈무드』의 내용들이 몇백 년 동안 각 도시에서 편찬되기 시작하여 현재에는 『바빌로니아의 탈무드』가 더 비중 있는 책으로 그 권위가 인정되어 일반적으로『탈무드』하면 이『바빌로니아의 탈무드』를 가리키게 되었다.

우리가 여기서 말하고 있는『탈무드』는 독서용이 아니고 배우기 위한 책이다. 우리 집의 어린 딸아이는 내가 아침 일찍부터『탈무드』를 공부하고 있는 것을 보고 몇 시간 지난 뒤에 다시 와봐도 겨우 15개 정도의 단어밖에는 공부하지 못한 것을 자주 보게 된다. 하지만 이 15개의 단어만이라도 이해하고 그 진정한 의미를 깨달을 때, 내 삶의 경험이 더욱 풍요로워지고, 사리와 분별력에 대한 사고력을 배양시켜 주는 동시에 나를 만족한 기분으로까지 만들어 주는 것이다.

나는 자신의 사고력을 높이고 정신력을 한층 더 단련시키는 데 이보다 더 훌륭한 책은 없다고 확신한다.『탈무드』는 이처럼 유대인에게 있어서는 다름 아닌 '얼'이다. 2,000년이란 오랜 세월을 세계 각처에 흩어져 수난 속에 살아야 했던 유대 민족에게 오직 이『탈무드』만이 유일하게 이들을 연결해 준 정신적 지주였던 것이다. 지금의 유대인들 모두가『탈무드』를 공부했다고 할 수는 없지만 이들의 대부분은 정신적 자양분을 이『탈무드』에서 취하고 있으며, 여기에서 생활 규범을 찾고 있음은 주지의 사실이다.

『탈무드』는 유대인을 유대인답게 만들어왔고, 또한 유대인들이

『탈무드』를 지켜온 것 못지않게 『탈무드』가 유대 민족을 지켜왔다고 할 수 있다.

원래 '탈무드'란 말은 '위대한 연구', '위대한 학문이나 고전 연구' 등의 뜻을 가지고 있다. 그런데 이 『탈무드』를 읽지 않았어도 이미 여러분은 『탈무드』의 연구자라는 것을 의미한다. 즉 남겨진 1페이지는 독자 여러분의 경험을 기록하기 위해 남겨져 있기 때문이다.

유대인들은 『탈무드』는 끝없이 넓고 커서 모든 것이 다 그 안에 담겨 있고, 또한 그 속에는 무엇이 있는지조차 알 수 없다 하여 『탈무드』를 '바다'라고 부르고 있다. 그러나 『탈무드』가 이처럼 광범위한 내용을 다룬 방대한 것이라 하여 겁부터 먹을 필요는 없다. 『탈무드』에는 이런 이야기가 있다.

두 남자가 오랜 여행을 한 탓으로 몹시 배가 고팠다. 그런데 그들이 어떤 방에 들어갔을 때, 천장에 과일 바구니가 매달려 있었다. 이것을 본 한 남자가 말했다.

"저 과일을 먹고는 싶은데, 너무 높이 매달려 있어서 먹을 수가 없군."

이때 다른 남자는 이렇게 말했다.

"난 저것을 꼭 먹고야 말겠네. 아무리 높이 매달려 있다 해도 틀림없이 누군가가 저기에다 걸어놓은 것이 아닌가. 그렇다면 나라고 해서 저곳에 올라가지 못할 이유가 없지 않은가?"

그리고 그 남자는 어디선가 사다리를 구해 와 그것을 밟고 올라가 그 과일을 꺼내 먹었다.

『탈무드』가 아무리 훌륭하고 내용이 심오한 책일지라도 이 또한 사람에 의해 만들어진 것이 아닌가. 때문에 사람이 만들어낸 것을 사람이 자기의 것으로 만들지 못할 이유 또한 없다.

다만 꾸준히 노력하면서 사다리를 밟고 한 걸음 한 걸음 올라가듯이 쉬지 않고 계속해야 한다는 사실이 중요하다.

PART 1

성공하며
가치 있게 사는 삶

삶은 하나의 게임이니, 맘껏 즐겨라.
마음 전체가 빛으로 가득할 때 삶은 비로소 기적이 된다.
더 이상 평범한 삶이 아닌 모든 일들이 비범해지는 특별한 삶으로 바뀐다.

- 오쇼 라즈니쉬

성공의
또 다른 이름은
인내고 기다림이다

위대한 사람은 기회가 없다고 원망하지 않는다.

– 랠프 월도 에머슨

한 젊은이가 있었다. 그는 집안이 너무 가난하여 어릴 때부디 공부를 제대로 하지 못했디. 그에게 삭은 꿈이 있다면 도시에서 일하면서 집에도 도움이 되는 것이었다.

그러나 막상 도시에 와보니 자신의 바람은 하늘의 별 따기보다 어려웠다. 그 어느 누구도 그에게 손 내미는 사람이 없었다. 그가 도시에서 제대로 정착하며 살기에는 학력이 너무 낮았다. 몇 날 며칠을 일자리를 찾아 돌아다녔지만 헛수고였다.

실망한 그는 지푸라기라도 잡는 심정으로 그 당시 유명한 은행가였던 로스에게 편지 한 통을 보냈다. 그는 자신에게 가혹한 운명의 불공평함에 대해 크게 불만을 표시했고 또 "제게 돈을 조금 빌려주신다면 학교에 다니면서 좋은 직장을 구하고 싶다"고 썼다.

편지를 부치고 나서 답장을 기다리는 일이 유일한 일과가 되었다. 여러 날이 지나고 수중에 돈이 거의 떨어졌는데도 답장이 오지 않아 어쩔 수 없이 도시를 떠나기로 작정하고 짐을 꾸리기 시작했다.

그 순간 집주인이 뛰어 들어와 편지가 왔다고 알려주었다. 은행가 로스가 보낸 답장이었다. 젊은이는 뛸 듯이 기뻐하였으나 로스는 그의 어려움에 대해 동정을 표하지 않고 다음과 같은 이야기를 썼다.

"드넓은 바다에 많은 물고기가 살고 있었습니다. 상어를 제외한 모든 물고기는 부레가 있었지요. 부레가 없는 상어는 원래 물속에서 생존할 수 없었을 겁니다. 왜냐하면 행동이 매우 불편하고 조금만 바다 속에 머물러 있어도 바닥으로 가라앉아 죽고 말기 때문이니까요. 생존을 위해 상어는 강인한 인내력으로 끊임없이 움직여야 했습니다.

상어가 살아남기 위해 얼마나 많은 고통을 이겨냈을지, 얼마나 많은 노력을 기울였을지 우리는 상상하기 어렵습니다. 상어는 태어난 순간부터 죽을 때까지 끊임없이 몸을 움직여야 하지요. 다른 물고기들은 부레가 있다는 것에 매우 감사해야 할 겁니다. 하지만 오랜 시간이 흐르자 상어는 이로 인해 강한 체력을 갖게 돼 동일 종 가운데 가장 용맹한 물고기가 되었습니다. 이렇게 힘겨운 노력 덕분에 상어는 바다의 절대 제왕이 될 수 있었지요."

이어서 로스는 다음과 같이 끝맺었다.

"이 도시는 마치 드넓은 바다와 같습니다. 학력이 뛰어난 사람은 도처에 널려 있죠. 그러나 성공한 사람은 매우 적습니다. 당신은 지금 부레가 없는 물기기와 다를 바 없습니다."

그는 오래도록 잠을 이루지 못했고 귓가에 로스의 말만 메아리쳤다. 별안간 그는 벌떡 일어나 생각을 바꿨다. 그는 여관 주인에게 종업원으로 써달라고 부탁하면서 밥을 먹여주고 잠을 재워준다면 월급은 한 푼도 받지 않겠다고 말했다. 여관 주인은 값싸게 일을 시킬 수 있는 종업원이 생겨 흔쾌히 승낙했고 젊은이는 일자리가 생겨 좋았다.

열심히 일한 결과 10년 후 청년은 사람들이 부러워하는 큰 부자가 되었고 은행가 로스의 딸을 아내로 맞이했다. 그가 바로 석유왕 '하터'다.

◆　◆　◆

430년 동안 이집트의 노예 생활을 하던 이스라엘에게 『탈무드』
는 한결같은 신앙과 미래에 대한 확신을 갖고 오늘날과 같은 이스
라엘로 우뚝 서게 만들어준 원동력이다.

성공을 하기 위해서는 기본적으로 무엇을 하든 확신을 가져야
하고 희망과 열정이 넘쳐흘러야 한다. 그리고 역경을 참아낼 지독
한 인내심이 필요하다. 또 치열한 기다림이 필요하다. 자신감으로
똘똘 뭉친 단단한 강인함도 필요하다. 이것들이 있어야 어떤 고난
이 찾아와도 흔들리지 않고 충실히 마음먹은 일을 성취할 수 있다.

유대인처럼 성공한 사람으로 살고 싶다면 살아가면서 부딪치는
수많은 절망 속에서도 평정심을 잃지 않고 목적을 향하여 강인하
게 나아가며 인내하고 또 인내해야 한다. 목적에 대한 확신을 가지
고 용감하게 장애물을 하나씩 걷어가며 뚜벅뚜벅 나아갈 때 성공
의 미션을 정확히 풀고 멋진 깃발을 목적지에 꽂을 수 있다.

그대, 성공하고 싶은가! 그렇다면 지독한 인내심, 치열한 기다
림, 자신감으로 똘똘 뭉친 강인함을 갖고 도전하라! 푸른 성공의
푸른 낙원이 그리 멀지 않은 곳에서 그대를 기다리고 있다. 당당히
도전하고 맞서라!

성공을 원한다면
끝이 보일 때까지
몰입하라

자신을 믿어라. 자신의 능력을 신뢰하라.
겸손하지만 합리적인 자신감 없이는 성공할 수도 행복할 수도 없다.
- 노먼 빈센트 필

　흔히 사람들은 나이 들면 공부하기가 힘들기 때문에 젊을 때 해
야 힌다고 말한다. 하지만 이 말은 유대인들에게 통하지 않는다.
유대인들은 나이를 먹을수록 더 배워야 한다고 말한다. 끈기 있게
노력하며 열심히 배워야만 사람답게 살 수 있다고 생각하기 때문
이다. 특히 어떤 태도와 자세를 가지고 배우려는지를 중요하게 여
긴다.

　유대인들은 약 2,000년 전부터 공부하는 습관을 길렀다. 그들은
삶이 끝나는 날까지 익힌다. 배움은 사람이 꼭 해야 하는 일이므로
아무리 훌륭한 사람이라도 천국에 갈 때까지 공부를 멈추지 않아

야 한다고 배운다. 배움에는 끝이 없기 때문이다. 그래서 유대인들은 높은 지식을 갖고 있는 사람보다 계속해서 무언가를 배우는 사람을 더 귀하게 여긴다.

◆　◆　◆

사람은 주위에 있는 모든 사람 혹은 모든 사물에서 무언가를 배울 수 있다. 그리고 배우려는 사람이 세상에서 가장 현명하다는 사실은 변치 않는 진리이다.

간절히 바라는 것을 이루기 위해서는 시간이 필요하다. 5년이 걸릴 수도 10년이 걸릴 수도 평생이 걸릴 수도 있다. 최소한으로 잡더라도 5년이 필요하다. 5년 정도만 죽었다고 생각하고 열심히 하면 인생이 달라진다. 당장 1년만 해도 모든 것이 달라져 보일 만큼 성장한다. 그러니 성공을 원한다면 목표물에 초점을 맞추고 끝이 보일 때까지 배움에 몰입하라.

어떻게 해야
성공을 파는 가게에서
성공을 살 수 있을까?

유대인들은 어떤 상품을 두고 과장법 없이 있는 그대로, 흠조차 감추지 않고
소비자에게 판매한다. 이는 유대인들이 '정직'과 '상호존중'을 바탕으로
솔직한 광고를 원하기 때문이다.

어딘가에 세상의 모든 성공을 파는 가게가 있다고 해서 부자가
여행을 떠났다. 많은 돈을 준비해 꼭 사오겠다는 마음을 먹은 그는
짐을 챙겨 여러 도시를 돌아다녀 보았지만 그 가게를 쉽게 찾을 수
없었다. 그러던 중 어떤 낯선 도시에 도착했을 때 〈세상의 성공을
파는 가게〉라고 쓰여 있는 곳을 보았다. 가게로 들어가자 종업원
이 말했다.

"어떤 성공을 원하십니까? 사소한 성공, 작은 성공, 세상에서 가
장 큰 성공 등 모든 종류의 성공이 다 준비되어 있습니다."

부자는 큰 소리로 말했다.

"당연히 세상에서 가장 큰 성공이지요. 하지만 속임수를 쓸 생각일랑 아예 그만두는 것이 좋을 거요. 값은 얼마가 되어도 좋으니 세상에서 가장 큰 성공을 주시오. 돈이라면 충분히 있으니."

종업원은 그를 아래위로 훑어보더니 말했다.

"저, 워낙 비싸기 때문에 쉽게 살 수가 없을 텐데요."

"도대체 얼마나 비싸기에 그러는 거요. 한번 꺼내 보시오."

부자가 아무리 비싸도 꼭 사겠다는 각오로 서 있자 종업원은 정말 가격이 붙어 있는 그 물건을 꺼냈다.

가격: 세상에서 가장 큰 성공을 사려는 사람은 자신의 남은 생에서 편안함을 모두 포기해야만 한다.

부자는 단번에 고개를 숙이고 가게를 나왔다. 그는 알게 되었다. 편안함을 포기하는 크기만큼 성공의 크기는 커진다는 것을.

이 예화는 『탈무드』의 〈세상의 성공을 파는 가게〉에 나오는 이야기다. 누구나 성공하길 갈망한다. 그러나 성공하는 사람은 흔치 않다. 성공하기 위해서는 끊임없이 무언가를 넘어서야 한다. 상대방도 나도 뛰어넘어야 한다. 세상에서 가장 어려운 경쟁 상대는 누구일까? 이 질문에 유대인들은 '나'라고 대답한다. 그들은 인생에서 어떤 좌절을 만나도 자신을 뛰어넘겠다는 용기와 자신감이 있으면 목표에 도달할 수 있다고 여긴다. 또 어떤 것을 이루든 일시적인 성취에 자만하지 않으려고 노력한다. 또 실패를 하고 극한 절망감을 느끼더라도 끝까지 자신을 믿어야 한다는 것이다. 그들은 사람에게 있어 가장 큰 적은 자신이며 자신을 뛰어넘어야 무엇이든 이룰 수 있다는 것이다.

무언가를 얻거나 이루고 싶다면 간절함이 있어야 하고 그 간절함을 바탕으로 용기를 내어 도전을 해야 하는 것이다. 도전하지 않고 생각만 한다면 늘 갈망의 상태에 머물게 된다.

결국 인생에서 가장 큰 적은 바로 자신이며 모든 역경의 출발점도 자신의 마음에서 시작된다. 역경과 장애물도 내 생각, 내 행동이 만들어낸 부산물이다. 이것을 깨우쳐야 새로운 생각과 과감한 도전으로 목표물을 향해 머뭇거리지 않고 당당히 나아갈 수가 있다.

성공을 하려면 어떻게 해야 하며 어떤 대가를 치러야 할까? 영화배우이자 사업가로 성공한 유대인 폴 뉴먼의 성공 스토리를 보자.

그는 50년간 연기자 생활을 하면서 5번이나 오스카 남우주연상 후보에 올랐을 만큼 명예를 얻으며 행복하게 살았다. 어느 날 그는 친구에게 샐러드드레싱을 직접 만들어 선물할 생각을 했다.

그리고 실천에 옮겼는데 반응이 폭발적이었다. 거기에 자신감을 얻어 샐러드드레싱을 병에 담아 포장해서 팔기 시작했다.

방부제와 인공 감미료가 들어가지 않은 샐러드드레싱은 충격적일 만큼 반응이 좋아 폴 뉴먼은 자신의 이름을 딴 상표를 정식 출원했고 맥도널드 샐러드드레싱으로 채택되었다. 그는 미국 식품 업계 제왕으로 우뚝 서게 되었다.

배우에서 감독으로 감독에서 또 사업가로 그는 끊임없이 자신의 한계에 도전하며 자신을 뛰어넘었기에 노력의 결과로 여러 분야에서 성공할 수 있었다.

이처럼 성공이라는 열매를 수확하려면 끊임없이 성장하면서도 현실에 안주해서는 안 된다. 변화를 거듭하며 계속 도전을 멈추지 말아야 한다. 하나를 이루면 또 자신에게 새로운 목표를 주며 한계를 뛰어넘어야 한다.

과거에 얼마나 많은 도전을 해서 성공을 했든 실패를 했든 과거의 나를 뛰어넘어야 현재 내가 무엇을 어떻게 해서 이룰 것인가를 정확히 알게 된다. 나를 알아야 자신감이 생기고 자신감이 생겨야 목표가 생기고 목표가 생겨야 도전하려는 용기가 생겨 첫걸음을 떼게 된다. 당당한 첫걸음이 쌓이고 쌓여 성공이라는 열매를 갖게 되는 것이다.

매매

물건을 살 때, 유대인들은 며칠 동안 그 물건을 여러 사람에게 보여주며 물어볼 권리가 있었다.

그 물건을 잘 알지 못해서 잘못 판단하면 손해를 볼 수 있었고, 지금과 달리 판매자가 마음대로 물건 가격을 정했기 때문이다.

그래서 적당한 가격보다 비싸게 샀을 때는 없던 일로 되돌릴 수도 있었다. 또 파는 사람이 물건 양이나 무게 등을 속였을 때도 물건을 제대로 달라고 요구할 수 있었다.

물론 물건을 파는 사람을 보호하는 법도 있었다.

물건을 살 생각이 없다면 값을 깎고자 흥정하지 못하게 했고, 다른 사람이 사기로 한 물건을 가로채서 살 수 없도록 했다.

◆　◆　◆

『탈무드』는 어느 한쪽에 치우치지 않은 공정한 매매법을 소개하고 있다. 수치나 계량을 『탈무드』 시대 때부터 전했다. '정직'을 바탕으로 파는 이와 사는 이 모두에게 해가 가지 않도록 서로를 생각하는 유대인의 상거래가 돋보인다.

그대, 부자가
되고 싶은가

『탈무드』에 보면 이런 말이 있다.

"사람을 상처 입히는 세 가지가 있다. 번민, 말다툼, 텅 빈 지갑이다. 이 중에서 텅 빈 지갑이 가장 큰 상처를 입힌다."

돈으로 행복을 살 수 없다고 말하는 사람이 있겠지만 현실은 그렇지 않다. 돈 없이 할 수 있는 것은 별로 없다. 효도도 하기 어렵고, 가족의 애정을 얻는 것도 사랑을 하는 데도 우정을 쌓는 데도 돈이 필요하다. 또 좋은 인간관계를 맺기 위해서도 돈이 필요하다.

물론 돈의 액수가 늘어난다고 해서 행복지수가 높아지는 것은 아니다. 그러나 돈 없이 행복하기는 사막에서 오아시스 찾기만큼 어렵다. 그래서 누구나 부자가 되고 싶어 한다. 부자가 되면 돈에 구애받지 않고 입고 싶은 것, 먹고 싶은 것, 가지고 싶은 것에서 모두 자유로울 수 있기 때문이다. 부자가 되려면 도대체 어떻게 해야 할까?

『탈무드』는 '부자는 부자의 사고방식으로 부를 실천하는 사람들'이라고 강조한다. 이유는 간단하다. 가난한 사람의 앞줄에 있는 사람은 부자의 가장 뒷줄에 있는 사람보다 당장 돈이 더 많을 수는 있다. 그러나 가난한 사람의 습관이 몸에 배게 되면 시간이 흐를수록 가난해진다.

반대로 지금은 가난해도 부자의 줄에 서서 부자의 사고방식과 부자의 행동을 배우고 실천하면 부자의 습관이 만들어져 부자가 될 수 있다. 그러니 돈을 벌려면 가난해도 부자의 줄에 서라고 『탈무드』는 말한다.

돈이 없으면 신경 쓸 일이 한두 가지가 아니다. 누굴 만나려 해도, 어디 한번 나들이를 하려 해도 그렇다. 같이 밥을 먹을 때도 혹시 나더러 밥값을 내라고 하면 어쩌나 신경이 쓰인다. 부자가 별생각 없이 한 말에도 상처를 입는다.

가난하면서도 당당하게 사는 것은 결코 쉬운 일이 아니다. 자본

주의는 돈(money)이 최고라면서 삶의 비중과 초점을 돈에 두어 도덕 상실의 사회를 만들고 있다. 돈이라는 태풍에 휩쓸려 들 수밖에 없다. 사실 따지고 보면 돈은 도덕적으로 중립이다. 돈 자체가 나쁜 것이 아니라 그 돈을 사용하는 인간의 도덕성에 문제가 있을 뿐이다.

인구수 1,800만 명으로 한국의 3분의 1 수준에 불과하지만 미국 《포춘》지가 선정한 100대 기업 중 40%를 소유하거나 최고경영자를 맡고 있으며, 세계 억만장자 중 30%, 최상위 부자 40인 중 40%, 노벨 경제학상 수상자의 40%를 배출한 유대인들은 어린 자녀들에게 돈과 경제를 가르치는 것을 너무도 당연하게 여긴다. 갓난아기 손에 동전을 쥐여줄 정도다.

그들은 말한다. "가난은 집인의 50가지의 새앙보다 훨씬 나쁘다"리고. 『탈무드』에는 "만일 부모가 올바르게 교육시키지 못했거나 그런 환경을 자식에게 마련해 주지 못했을 때 그 자식이 죄를 저지르게 되면 그 죄를 자식 혼자서만 책임지게 할 수 없다"는 말이 불문율처럼 전해 내려온다고 한다.

돈에 대한 유대인들의 율법은 "관대함에도 지나친 관대함이 있다"고 가르친다. 그래서 랍비들은 수입의 10% 이상을 자선하는 것이 적절하지만, 어느 누구도 수입의 20% 이상을 자선해선 안 된다고 규정하고 있다. 지나치게 베풀다 가난해져, 결국 그 자신이 다른 사람의 도움을 필요로 하는 상황에 처하게 되는 것을 경계한 것이다.

다음과 같은 문구가 있다. 당신이라면 다음 빈칸에 어떤 단어를 넣겠는가. "세상의 그 어떤 것도 ( )보다 더 비참하지는 않다. ( )은 모든 고통 중에서 가장 끔찍한 것이다."

대부분의 사람들이 '질병'이나 '돈' 중 하나를 택할 것이다. 그러나 유대인들은 '가난'이라고 대답한다. 유대인들은 오랫동안 가난을 일종의 저주로 여겨왔다.

"만일 세상의 모든 괴로움과 고통을 모아서 저울 한쪽에 올려놓고 가난을 다른 쪽에 올려놓는다면, 가난이 그 모든 것보다도 더 무겁다."

빵 바구니가 비어 있으면, 불화가 찾아와 문을 두드린다는 것이다.

성공한 사람, 부자로 살고 있는 사람 중에 왜 유대인이 많을까? 그건 바로 어린 시절부터 읽어온 『탈무드』 때문이다. 『탈무드』 속에는 수요와 공급, 은행과 돈, 이자, 환율, 생산과 소비, 시장, 무역 등 우리 주변에서 흔히 사용하는 경제 용어가 가득 들어 있다.

유대인들은 돈을 버는 데 상당한 노력과 애정을 쏟는다. 부자가 되기 위한 하나의 목적으로 그렇게 하는 것은 아니다. 유대인들에게 돈이란 부자가 되어서 마음껏 물건을 사라고 있는 것이 아니다. 그렇다고 돈을 더럽다고 생각하지도 않는다.

돈은 잘 살기 위해 꼭 필요한 것이기에 재정교육을 어릴 때부터 시킨다. 의식주와 더불어 세상을 살아가는 데 필수라는 것을 교육한다. 돈은 기회를 만들어주고 사람을 축복할 수 있는 도구라는 것이다. 그들은 돈을 많이 벌기 위해서 노력하고 힘들게 번 돈을 함부로 쓰지 않는다. 돈을 벌기는 어렵지만 쓰기는 쉽다는 사실을 항상 마음에 새겨 돈을 꼭 필요한 곳에만 쓰기 때문에 지출에는 늘 신중하다.

부자 유대인을 보면 아주 지독하게 검소한 구두쇠로 살아간다. 하지만 그렇게 힘들게 모은 돈을 꼭 필요한 곳에는 엄청난 액수를 선뜻 내놓는다. 이 정신은 남을 배려하는 기부정신으로 대대로 내려오고 있다. 이것이 바로 유대인들이 부자가 될 수밖에 없는 이유이다. 그래서 유대인들은 부자가 되려고 하는 사람들에게 먼저 검소한 구두쇠가 되라고 가르친다.

"아끼고 또 아껴라!"

이것이 바로 부자 유대인들의 생활철학이다.

유대인들은 돈에 관한 부분은 항상 정확하고 철저하게 기준을 정한 다음 결산을 한다. 아무리 많은 재물을 가지고 있더라도 모아

두고 쓰지 않는다면 부자라고 할 수 없다. 진정한 부자는 돈을 잘 선용하고 베풀고 쓸 줄 아는 사람이다.

재물을 늘리기 위한 첫 번째는 번 돈을 빠짐없이 기록하고 확실한 곳에 투자하는 일이다.

두 번째는 번 돈을 빼앗기지 않도록 경계하며 주의하는 일이다.

마지막은 알뜰 구매로 돈을 현명하게 관리하는 일이다.

부모에게 경제 교육을 받아 성공한 자산가들 중에는 어릴 적부터 수업을 받은 경우가 많다.

부동산 재벌 도널드 트럼프 대통령의 아버지는 "자녀에게 1달러의 가치를 가르치지 않는 것은 식사를 주지 않는 것과 같다"며 "이런 교육을 부모가 해주지 않으면 누가 시켜주겠냐"고 말하며, 그 역시 어린 시절부터 경제 교육을 해왔다고 한다.

미국의 3대 부자에 속하는 워런 버핏은 어려서부터 신문 배달을 하거나 유원지에서 음료수 장사를 하면서 시장경제 원리를 터득해 11세부터 직접 주식투자에 나섰다고 한다.

하버드 법대를 중퇴한 마이크로소프트 창업자인 빌 게이츠의 아버지는 아들이 어릴 적부터 물건을 살 때마다 용돈 기입장에 기록하게 하고, 사례 중심의 토론을 벌이는 등 자녀의 경제 교육에 시간과 노력을 들였다.

◆ ◆ ◆

그대, 부자가 되고 싶고, 또 자녀를 부자로 키우고 싶은가! 그렇다면 이제부터라도 머니지수(Money Quotient, MQ)를 높여라.

돈은 곧 삶이고, 돈과 경제, 금융에 대해서 잘 아는 사람이 행복한 부자가 될 가능성이 높다.

자식에게도 경제 교육을 시켜라. 자녀의 경제 교육은 선택이 아니라 필수가 됐다. 자녀의 금융지수를 높여줘야 한다. 그것도 빠르면 빠를수록 좋다. 올바른 경제습관을 만들어주는 것이 가장 중요하다. 그래야 자녀가 성인이 됐을 때 드디어 경제적으로 독립할 수 있다.

물고기를 잡아 손에 쥐여주지 말고 물고기 잡는 법을 가르쳐줘야 한다. 똑똑한 경제습관을 키워주어야 한다. 일상생활에서 실제 경험을 통해 체득하고 평생의 습관으로 자리 잡을 수 있도록 도와줘야 한다.

영어교육이나 스펙도 중요하지만 올바른 경제습관이 몇 배는 더 중요하다. 지금부터라도 식탁에서 '공부하라'는 똑같은 말만 되풀이하지 말고 돈 쓰는 습관을 가르쳐라.

평생 동안 돈 잘 벌고 잘 쓰는 습관을 물려주는 것이 치열한 경쟁사회에서 생존할 수 있는 유일한 길이다.

좋은 인맥관리
17계명

01 지금 힘이 없는 사람이라고 우습게 보지 마라

　　힘없고 어려운 사람은 백번 도와줘라.

　　그러나 평판이 좋지 않은 사람은 경계하라.

02 평소에 잘해라

　　평소에 쌓아둔 공덕은 위기 때 빛을 발한다.

03 내 밥값은 내가 내고 남의 밥값도 내가 내라

　　남이 내주는 것을 당연하게 생각하지 마라.

04 고마우면 고맙다고, 미안하면 미안하다고 큰 소리로 말하라

마음으로 고맙다고 생각하는 것은 인사가 아ㅣ다.

남이 내 마음속까지 읽을 만큼 한가하지 않다.

05 남을 도와줄 때는 화끈하게 도와줘라

도와주는지 안 도와주는지 흐지부지하게 하거나 조건을 달지 마라. 괜히 품만 팔고 욕만 먹는다.

06 남의 험담을 하지 마라

그럴 시간 있으면 팔굽혀펴기나 해라.

07 직장 바깥의 사람들도 골라서 많이 사귀어라

직장 사람들하고만 놀면 우물 안 개구리가 된다.

08 불필요한 논쟁, 지나친 고집을 부리지 마라

직장은 학교가 아니다.

09 회사 돈이라고 함부로 쓰지 마라

사실은 모두가 다 보고 있다.

10 가능한 한 옷을 잘 입어라

외모는 생각보다 훨씬 중요하다.

11 남의 기획을 비판하지 마라

네가 쓴 기획서를 떠올려 봐라.

12 조의금을 많이 내라

사람이 슬프면 조그만 일에도 예민해진다.

13 약간의 금액이라도 기부해라

마음이 넉넉해지고 얼굴이 핀다.

14. 수위 아저씨, 청소부 아줌마, 음식점 종업원에게 잘해라

그렇게 하지 않는 사람은 경계하라.

나중에 네가 어려워지면 배신할 사람이다.

15 옛 친구들을 챙겨라

새로운 네트워크를 만드느라 가지고 있는 최고의 자산을 소
홀히 하지 마라.

16 너 자신을 발견하라

한 시간이라도 좋으니 혼자서 조용히 생각하는 시간을 가져라.

17 지금 이 순간을 즐겨라

지금 네가 살고 있는 순간은 나중에 네 인생의 가장 좋은 추억이 될 것이다.

남자 인생의
7단계

『탈무드』는 남자가 보내는 인생을 일곱 단계로 나누어 놓았다.

첫 번째, 한 살인 갓난아기 때다. 왕처럼 모든 사람이 주변에서 달래주고 기분을 맞춰준다.

두 번째, 두 살 때다. 마치 돼지가 진흙탕 속을 기어 다니듯이 제멋대로다.

세 번째, 열 살 때다. 어린 양처럼 아무 걱정 없이 천진난만하게 웃고 뛰어다닌다.

네 번째, 열여덟 살 때다. 성장한 몸으로 말처럼 힘을 뽐내고 싶어 한다.

다섯 번째, 결혼했을 때다. 등에 짐을 진 당나귀처럼 가정을 책임지며 걸어가야 한다.

여섯 번째, 중년일 때다. 가족을 먹여 살리려고 개처럼 열심히 일하며 다른 사람들에게 많은 부탁을 한다.

일곱 번째, 늙었을 때다. 나이를 먹으면 어린아이로 돌아가지만, 누구도 관심을 주지 않은 채 동물원 원숭이 신세가 된다.

◆　◆　◆

『탈무드』는 인생을 나이 특성과 성장에 맞춰 일곱 단계로 나눠 설명하고 있다. 현재 자신의 삶이 보여주는 나이가 과연 어디쯤일지 알아보는 것도 의미가 있다.

밀물은
반드시 온다 1

지옥을 걷고 있다면 계속해서 걸어가라.

- 윈스턴 처칠

『탈무드』는 승자와 패자의 차이를 이렇게 이야기한다.

승자는 행동으로 말을 증명하고, 패자는 말로 행위를 변명한다.

승자는 책임지는 태도로 살며, 패자는 약속을 남발한다.

승자는 벌을 받을 각오로 살다가 상을 받고, 패자는 상을 위해 꾀를 부리다가 벌을 받는다.

승자는 사람을 섬기다가 감투를 쓰며, 패자는 감투를 섬기다가 바가지를 쓴다.

승자는 실수했을 때 내가 잘못했다고 확실히 말하고, 패자는 적당히 얼버무린다.

승자는 입에 솔직함이 가득하고, 패자는 핑계가 가득하다.

승자는 예와 아니오를 확실히 말하고, 패자는 모호하게 말한다.

승자는 작은 자에게도 사과할 수 있으나, 패자는 큰 자에게도 못한다.

승자는 넘어진 후 일어나 앞을 보고, 패자는 일어나 뒤만 본다.

승자는 열심히 일하고 열심히 놀고 열심히 쉬지만, 패자는 허겁지겁 일하고 빈둥빈둥 놀고 흐지부지 쉰다.

승자는 시간을 붙잡고 관리하며 살고, 패자는 시간에 쫓기거나 끌려 산다.

승자는 과정을 위해 살고, 패자는 결과를 위해 산다.

승자는 구름 위의 태양을 보고, 패자는 구름 속의 비를 본다.

승자는 넘어지면 일어서는 쾌감을 알고, 패자는 넘어지면 재수를 한탄한다.

승자는 눈을 밟아 길을 만들고, 패자는 눈이 녹기를 기다린다.

승자는 실패를 거울로 삼으며, 패자는 성공도 휴지로 삼는다.

승자는 바람을 보며 돛을 올리고, 패자는 바람을 보고 돛을 내린다.

승자는 돈을 다스리고, 패자는 돈에 지배된다.

승자는 주머니 속에 꿈이 있고, 패자는 주머니 속에 욕심이 있다.

승자는 다시 한번 해보자는 말을 쓰고, 패자는 해봐야 별수 없다는 말을 즐겨 쓴다.

승자는 땅을 믿고, 패자는 요행을 믿는다.

승자는 일곱 번 쓰러져도 여덟 번 일어서고, 패자는 쓰러진 일곱 번을 낱낱이 후회한다.

승자는 달려가며 계산하고, 패자는 출발하기도 전에 계산부터 한다.

승자는 지그시 듣지만, 패자는 자기 말할 차례를 기다린다.

승자는 부드럽고 자연스러우나, 패자는 허세 부리고 자기를 부풀려서 발표하려 한다.

"바라는 소망이 있는가? 있다면 기다리자. 확신을 가지고, 소망하며 기다리자. 인생의 밀물은 반드시 온다."

미국 최고의 부호였던 철강왕 카네기는 단순한 부자가 아니라 존경받는 부자였다. 그는 사람의 일생을 2기로 나누어 '전기는 부를 축적하고, 후기는 축적한 부를 사회복지를 위하여 투자해야 한다'는 철학을 가지고 살았다. 그리고 실제로 이를 실천했다. 그는 '부자로 죽는 것은 부끄러운 일'이라며 기부문화를 꽃피웠다. 그는 부의 가치를 알았던 진정한 부자였다.

최고 부호였음에도 불구하고 그의 사무실에는 무명작가의 볼품

없는 그림 한 점이 걸려 있었다. 그 그림은 비싸거나 골동품 가치가 있는 것도 아니었다. 그러나 카네기는 평생을 걸어두고 보물처럼 아꼈다. 그 그림은 커다란 나룻배 한 척이 썰물에 좌초되어 모래사장에 버려져 있고 배를 젓는 노가 아무렇게나 나뒹구는 아주 절망스럽고 처절해 보이는 작품이었다.

카네기는 세일즈맨을 하던 배고프고 어렵던 젊은 시절 어느 노인의 집에서 그 그림을 보았다. 그리고 그림 속 나룻배 밑에 적어 놓은 다음 글귀를 읽고 희망을 품었다.

'반드시 밀물은 온다. 그날! 나는 바다로 나아가리라.'

카네기는 이 글귀를 읽고 밀물이 밀려올 그날을 기다렸다. 그 글귀는 카네기가 시련을 극복하는 원동력이 되어주었고 그는 마침내 세계적인 대부호가 되었다.

밀물은
반드시 온다 2

남들보다 더 잘하려고 고민하지 마라.
지금의 나보다 잘하려고 애쓰는 게 더 중요하다.

– 윌리엄 포크너

카네기가 좋아했던 글귀 '반드시 밀물은 온다!'에는 여러 가지 의미가 있다.

밀물이 오려면 먼저 썰물이 와야 한다. 실직을 하고 괴롭고 힘든 인생의 썰물이 오면 우리는 모든 것이 없어졌다고 절망한다. 하지만 실제로는 그때가 바로 밀물을 준비해야 하는 시기이다. 구름이 태양을 가려 보이지 않을지라도 태양은 존재하며 절망이 희망을 가려 보이지 않을지라도 희망은 늘 존재하는 것이다.

저녁노을 끝에 새로운 새벽이 기다리고 있듯 시련의 끝에 언제나 희망이 기다리고 있다. 독수리도 태어날 때부터 모든 것을 깨우치고 제왕처럼 하늘을 날지는 않았다. 둥지에서 떨어지고 찔리며 실패와 상처의 눈물 속에서 눈부시게 성장해 간다.

선박왕으로 유명한 오나시스도 시련과 굴곡이 많았다. 가업인 담배중개업을 배우던 중 그리스-터키전쟁으로 갑자기 무일푼 난민이 되었다. 열일곱 살 오나시스는 전 재산 63달러를 가지고 아르헨티나로 갈 수밖에 없었다. 그곳에서 밤에 전화교환원으로 일하며 힘겹게 살아갔다. 그러나 그는 좌절하지 않고 낮 시간을 이용하여 돈 벌 방법을 연구했다.

당시 아르헨티나는 주로 쿠바와 브라질에서 담배를 수입하고 있었다. 그는 아버지에게 그리스에서 재배한 품질 좋은 잎담배 샘플을 보내달라고 부탁했다. 그리고 그 잎담배를 팔기 위해 여러 곳의 담배회사를 찾아 다녔다. 그러나 일개 전화교환원인 그를 상대해 주는 곳은 아무 데도 없었다.

하지만 그는 포기하지 않았다. 그는 아르헨티나 최대 담배회사 중 한 회사의 간부를 목표를 삼고 매일 그의 사무실 앞이나 퇴근하는 집 앞에 서서 그에게 눈도장을 찍었다. 2주일 후 그 집념에 넘어간 간부가 그를 불렀다. 오나시스는 그가 소개해 준 구매팀에 질 좋은 그리스 담배의 주문을 받아냈다.

그 후 그는 불과 24세에 백만장자가 되었다. 성공의 방법은 정해져 있지 않다. 문이 닫혀 있다고 포기해서는 안 된다. 두드리는 자만이 문을 열 수 있다.

밀물은
반드시 온다 3

성공의 문을 열기 위해서는 밀든지 당기든지 하지 않으면 안 된다.
- 『탈무드』

『탈무드』에 아버지와 아들의 이런 대화가 있다.

"얘야, 모든 사람의 마음속에는 두 마리의 늑대가 있단다. 한 마리는 긍정적이어서 성공하고 잘되는 늑대이고, 한 마리는 부정적이어서 실패하고 안 되는 늑대란다."

"아빠, 그런데 그 두 마리 늑대 중에서 어느 늑대가 이기는 거야?"

"네가 먹이를 주는 늑대가 이긴단다."

무슨 뜻일까? '나는 이겨. 나는 승리해. 나는 잘 돼.'라며 긍정적으로 생각하는 사람은 반드시 그렇게 된다는 것이다.

어느 강력한 주먹을 가진 권투선수에게 "당신도 두려운 것이 있느냐"고 누군가 물어보았다. 천하무적인 그 권투선수도 의외로 "쓰러진 선수가 다시 일어나는 것이 가장 두렵다"고 했다. 주먹이 세거나 덩치가 큰 선수보다 끈기 있는 선수가 더 무섭다는 뜻이다. 포기하지 않는다면 성공할 가능성은 있다는 것이다.

인디언이 기우제를 지내면 반드시 비가 온다. 왜냐하면 그들은 비가 올 때까지 멈추지 않고 기우제를 지내기 때문이다.

『마시멜로 이야기』의 끝부분에는 다음과 같은 이야기가 있다.
탁월한 세일즈맨인 해리 콜린스에게 누군가가 물었다.
"당신도 고객에게서 거절당한 때가 있죠?"
"당연히 있죠. 아주 많습니다."
"당신이 전화했을 때 상대방이 거절을 하면 당신은 몇 번 만에 포기하나요?"
콜린스는 이렇게 대답했다.
"우리 두 사람 중 한 사람이 먼저 죽기 전까지는 포기하는 법이 없습니다."
별은 저 홀로 빛나는 것이 아니다. 별을 그토록 아름답게 빛내기 위해서 하늘은 스스로 어두워진다. 어둠이 있기에 별이 더욱 빛난다. 어둠과 빛은 둘이 아닌 하나이다. 어둠이 왔다고 좌절할 필요가 없다. 어둠은 곧 빛나는 별을 맞이하기 위한 준비 기간에 지나지 않는다.

포기하지 않는 한 언젠가는 밀물이 온다. 쓰러졌다가도 다시 일어날 각오만 가진다면 밀물이 오는 그날, 다시 바다로 나아갈 수 있을 것이다.

못생긴
그릇

옛날, 지혜롭고 똑똑하지만 못생긴 랍비가 살았다. 어느 날, 그는 궁전에서 공주를 만났는데 랍비를 직접 본 그녀는 기가 막혀 코웃음을 쳤다.

"랍비님은 왜 그렇게 못생겼나요? 훌륭한 지혜가 못생긴 그릇에 담긴 꼴이군요."

누가 들어도 몹시 기분 나쁠 이야기였지만 랍비는 화내지 않고 오히려 공주에게 엉뚱한 질문을 던졌다.

"공주님, 이 왕궁에는 귀한 술이 있다고 들었습니다. 그 술은 어떤 그릇에 보관합니까?"

"그야 질그릇에 담아 보관하지요."

깜짝 놀란 랍비가 되물었다.

"왕궁에는 훌륭한 그릇도 많을 텐데 어째서 그런 보잘것없는 질그릇에 그 술을 담았습니까? 더군다나 황제께서 아끼시어 자주 마시는 술 아닙니까?"

랍비가 하는 말에 자존심이 상한 공주는 시녀들을 불러 명령했다.

"궁에 있는 모든 술을 값비싼 금그릇과 은그릇에 옮겨 담아라."

시간이 흐르고 왕궁에는 화려한 잔치가 열렸다. 그리고 공주는 잔치에 참석한 황제와 신하들에게 대접할 술을 내오도록 시종들에게 명령했다.

이윽고 시종이 가져온 술을 맛보던 황제와 신하들은 얼굴을 찡그리기 시작했다.

귀한 술맛이 완전히 변해버렸기 때문이었다. 황제는 화가 나서 큰 소리로 버럭 외쳤다.

"술맛이 어찌 이러하느냐?"

성난 황제가 묻자 자초지종을 살펴본 시종이 겁에 질려 답했다.

"금그릇과 은그릇에 보관한 탓에 맛이 변한 줄 아뢰옵니다."

"그런 그릇에 술을 담는 멍청한 짓을 대체 누가 했단 말이냐!"

황제 앞에 무릎을 꿇은 공주가 벌벌 떨며 말했다.

"폐하, 귀한 술은 금그릇과 은그릇에 보관하는 게 좋을 듯하여

제가 그리하도록 시켰습니다."

"어리석구나. 술은 질그릇에 보관해야 맛이 변하지 않음을 몰랐단 말이냐? 두 번 다시 이런 짓을 하지 마라!"

황제에게 꾸지람을 들은 공주는 자신에게 그렇게 하도록 시킨 랍비를 찾아가 따졌다.

"랍비님은 지혜로운 분인데, 왜 제게 그런 어리석은 말씀을 하셨지요?"

그러자 랍비가 빙그레 웃으며 대답했다.

"아무리 귀한 것이라도 보잘것없는 그릇에 담아야 할 때가 있답니다."

랍비가 하는 말에 공주는 아무 대꾸도 할 수 없었다.

겉모습만 보고 쉽게 랍비를 판단했던 어리석은 자신이 떠올랐기 때문이다.

◆　◆　◆

세상 사람들은 자신을 드러내기 원한다. 자신의 힘과 능력, 권력과 부, 지혜와 지식 등을 보여주기 원한다.

그래서 자신이 얼마나 강한지 혹은 자신이 얼마나 지혜로운지를 증명하려고 한다.

하지만『성경』은 인간의 근원을 흙이라고 말한다.

질그릇은 연약한 인간의 모습을 이야기하는 것이기도 하지만 질그릇은 그릇 자체보다 그 안에 무엇이 담겨 있느냐에 따라 가치가 달라진다.

성공한 인생을
살고 싶다면 나답게
철저하게 치열하라

승리는 준비된 자에게 찾아오지만, 사람들은 이를 행운이라 부른다.
패배는 준비되지 않은 자에게 찾아오지만, 사람들은 이를 불행이라 부른다.

– 로알 아문센

유대인의 이야기 〈열심히 일한 대가〉에 보면 이런 이야기가 있다.

한 마을에 드넓은 포도밭이 있었다. 그 포도밭에는 많은 일꾼들이 있었는데, 그 가운데 유독 일을 잘하는 뛰어난 일꾼들도 있었다. 부지런하고 일 잘하는 일꾼들 덕분에 포도밭은 늘 맛있는 포도가 주렁주렁 열렸다.

어느 날, 주인이 와서 포도밭을 두루 살펴보다가 가장 일 잘하는 일꾼을 불렀다.

"포도가 잘 익었군. 그동안 어떻게 가꿨는지 이야기해 보게."

일꾼은 주인을 모시고 포도밭을 산책하면서 많은 이야기를 나눴다.

일하는 시간이 모두 끝나자, 일꾼들은 그닐 일한 시간만큼 대가를 받았다.

여느 때처럼 모두 똑같은 값이었다.

하지만 주인을 모시느라 일하지 않은 그 일꾼까지 똑같은 값을 받았다.

화가 난 일꾼들은 주인에게 가서 따졌다.

"저 친구는 오늘 고작 두어 시간 일했습니다. 그런데 우리가 일한 만큼 똑같이 받는다니, 옳지 않습니다."

그러자 주인이 조용히 대답했다.

"이자는 너희가 하루 종일 한 일보다 더 많은 일을 두 시간 만에 해냈다. 그러니 똑같이 빋아야 하지 않겠나."

그 말에 일꾼들은 입을 꾹 다물었고, 두 시간 일한 일꾼은 주인에게 감사하며 고개를 숙였다.

이 이야기에서는 무엇을 하든 양보다는 '질'의 소중함을 강조한다. 포도원 일꾼처럼 일한 시간보다는 '어떻게 일했느냐'가 더 중요하다.

마찬가지로 사람은 얼마나 오래 살았느냐보다 사는 동안 얼마만큼 훌륭한 일을 했는지가 더 중요하다.

어떤 인생이든 내가 한 대로 돌려받는다. 제대로 돌려받고 싶다면 제대로 행동해야 한다.

이십대 이전까지는 꿈을 향해 공부를 해야 하고 이십대 이후 직장을 잡고 나서 사십대까지는 일에 미쳐야 한다.

이 시기를 뜨겁고 독하게 보내면 중년이 편안해진다. 만약 이때 확실한 자리매김을 못하면 중년 이후가 상당히 비참해진다.

성공한 사람들의 특징 하나는 자기관리다. 자신에게 가혹할 정도로 철저하게 관리를 한다. 현실을 객관적으로 파악하며 맺고 끊음에 정확하다.

내일 성공하고 싶다면 오늘 뿌듯한 마음이 들 만큼 치열하게 살아야 한다. 시간의 주인이 되어 나답게 철저하게 치열하게 보내는 것, 그것이 정답이다.

생명과
같은 시간

'시간은 돈이디'라는 말은 사실 잘못된 면이 있다.

시간과 돈은 있지만 어떻게 써야 할지 모르는 사람들만이 이 말에 귀 기울이기 때문이다.

정확하게 말하면 시간은 돈보다 훨씬 귀하다. 돈은 모을 수 있지만 시간은 그럴 수 없다.

한번 잃은 시간은 돌려받을 수도, 누군가에게 빌릴 수도 없다.

또 삶에서 자기에게 주어진 시간이 얼마인지도 알 수 없다.

그러므로 시간은 돈이 아니라 '생명'이라고 해야 한다.

◆　◆　◆

유대인들은 사람을 판단하는 다섯 가지를 돈, 술, 이성, 친구, 시간이라고 말한다.

모두 지나치게 빠져들거나 즐기면 안 된다는 공통점이 있다.

『탈무드』는 사람들이 대부분 무심코 흘려보내고 후회하기 때문에 시간을 가장 귀하게 여겨야 한다고 말하는 것이다.

기적을 만들고 싶은가,
그렇다면 사는 대로 생각하지 말고
생각대로 살아라

희망은 볼 수 없는 것을 보고,
만질 수 없는 것을 느끼고, 불가능한 것을 이룬다.

— 헬렌 켈러

중국 속담에 "기적은 하늘을 날거나 바다 위를 걷는 것이 아니라 땅에서 걸어 다니는 것이다"라는 말이 있다.

또 『탈무드』는 "기적을 소망하라. 그러나 기적에 의존하지는 마라."고 했다.

기적이란 무엇일까?

그것은 내 힘으로는 도저히 불가능하다고 생각하는 것들이 이루어지는 것이다.

아인슈타인은 기적을 이렇게 표현했다.

"인생을 살아가는 데는 오직 두 가지 방법밖에 없다. 하나는, 아무것도 기적이 아닌 것처럼, 다른 하나는, 모든 것이 기적인 것처럼 살아가는 것이다."

그렇다. 적어도 하늘을 날고 물 위를 걷는 것은 기적이 아니다. 이루고 싶어 안달해도 이루어지지 않는다. 기적은 지극히 평범하고 편안한 일상이다.

6개월 시한부 선고를 받은 암 환자가 5년이 지나도록 여전히 살아 있는 것도 기적이고 반에서 꼴등만 하던 아이가 일등을 한다면 그것도 기적이다. 다리를 다쳐 걷지 못하다가 파스도 붙여보고 물리치료도 받아 다시 예전으로 돌아가 건강히 걷게 된다면 그게 바로 기적이다.

기적이라는 것은 지극히 편안하고 행복한 일상을 마주하는 것이다. 몸이 아픈 데가 없고 출근을 하여 일을 하고 사람을 만나 맛있게 밥을 먹고 하고 싶은 것들을 하고 편안하고 행복한 마음이 든다면 그것이 바로 기적이다.

기적의 삶을 산 사람이라 한다면 작가 겸 사회사업가로 살다 간 헬렌 켈러를 꼽을 수 있다.

보지도, 듣지도, 말하지도 못하는 중복장애인 헬렌 켈러에게 꿈이 있었다. 『사흘만 볼 수 있다면』이란 책에서 헬렌 켈러는 이렇게 말했다.

"만일 내가 사흘 동안 볼 수 있다면 첫날은 나를 가르쳐준 설리번 선생님의 얼굴을 오랫동안 바라보고, 산으로 가서 아름다운 꽃과 풀을 볼 것이다. 둘째 날엔 아침 일찍 일어나 먼동이 트는 모습을 보고 밤에는 영롱하게 빛나는 별을 보고 싶다. 마지막 날엔 큰 길로 나가 부지런히 출근하는 사람들의 활기찬 표정을 보고 싶다. 그리고 아름다운 영화를 보고 집으로 돌아와 사흘간 눈을 뜨게 해주신 하나님께 감사의 기도를 드리고 싶다."

어느 날 헬렌 켈러에게 사람들이 물었다. 맹인으로 태어나는 것보다 더 불행한 것이 있느냐고? 그러자 "시련은 있지만 꿈이 없는 것"이라고 주저 없이 대답했다. 그는 할 수 없는 것보다 할 수 있는 것을 보는 사람이었다. "내가 잘할 수 있는 3,000가지 장점을 찾아낼 수 있다"고 당당히 말했다. 그는 나아가 다음과 같은 말로 당당한 자신감을 주문했다.

절대로 고개를 떨구지 마라. 고개를 치켜들고 세상을 똑바로 바라보라(Never bend your head. Hold it high. Look the world straight in the eye).

중복장애인 헬렌 켈러가 평범한 사람처럼 살기 위해, 더 나아가 모든 사람이 존경하는 인물이 되기까지 얼마나 처절하고 치열하게 노력하며 살아왔는가를 생각해 본다면 기적의 답을 찾을 수가 있다.

기적은 스스로 만들어내는 것이다. 없던 길을 만들어내는 것처럼 내가 간절히 바라는 것들을 하나씩 새롭게 창조하는 것이다. 기적은 대단한 것이 아니다. 기적이라는 것은 최고의 평범한 일상을 살아가는 것이기에 노력의 선물이기도 하다. 소소한 노력들이 어우러져 편안하고 행복한 기적을 만드는 것이다. 어떠한 정성도 들이지 않는다면 편안하고 행복한 일상을 만날 수 없다.

지금 사는 게 너무 힘들어 기적 같은 일상을 만나고 싶다면 의욕적으로 도전하고 열정을 다하는 마음자세가 중요하다. 언제 어디서 올지 모를 기적 같은 기회를 잡기 위해서는 마음의 준비를 해야 한다. 준비된 것이 없다면 모처럼 다가온 기회도 놓치기 쉽다. 기회다 싶으면 무슨 일이든 죽을힘을 다해 도전해야 한다.

『탈무드』의 명언처럼 우두커니 앉아서 기적만 바라서는 안 된다. 두려움을 밀어내고 일어나 당당히 도전해서 쟁취해야 한다.

기적은 희박한 공기 속이나 물 위를 걷는 것이 아니라 대지 위를 걷는 일이다. 걸으면서 스스로 아름답다고 감탄하는 것이다. 두 발로 걸으며 세상을 호흡하며 바라본다는 것, 그리고 모든 것이 아름답게 느껴진다면 그것이 바로 행복한 일상, 기적을 드러낸 날이다.

PART 2

더 나은 미래를
준비하며 사는 삶

단순해져라.
단순해지는 것은 머리에서 가슴으로 이동한다는 의미이다.
머리는 매우 교활하고 전혀 단순하지 않다.
가슴은 결코 교활하지 않고 언제나 단순하다.
가슴으로 살아라. 더 많이 느끼고, 덜 생각하고,
더 예민하고, 덜 논리적인 인간이 되어라.
가슴으로 살아갈 때, 그대의 삶은 그 자체로 기쁨이 될 것이다.

- 오쇼 라즈니쉬

잘 죽는
연습 하기

잘 보낸 하루가 행복한 잠을 허락하듯이,
잘 살아진 인생은, 행복한 죽음을 가져온다.
– 레오나르도 다빈치

『탈무드』에 이런 말이 있다.

"사람은 누구나 세 가지 이름을 갖는다.

태어났을 때 양친이 붙여주는 이름, 친구들이 정을 담아 부르는
이름, 그리고 자기 생애가 끝났을 때 얻어지는 명성의 세 가지이다.

사람은 주먹을 쥐고 이 세상에 태어난다. 마치 이 세상을 내 것
으로 만들 것처럼.

그리고 떠날 때는 손바닥을 보이며 죽는다. 마치 '다 주고 떠나간
다'고 말하는 것처럼."

사람은 반드시 한 번은 죽게 되어 있다. 그렇다면 어떻게 살아야 잘 살다가 잘 죽는 것일까?

잘 죽는 기술, 즉 '아르스 모리엔디(ars moriendi)'의 해답은 무엇일까?

중세의 수도승들은 만나면 서로 "메멘토 모리(Memento Mori)"라고 인사한다. '죽음을 항상 기억하라'란 뜻이다. 누구나 영원히 살 것처럼 오늘을 살지만 내일은 오지 않을 수도 있다. 그래서 죽음을 기억하라는 것은 삶을 포기하고 그냥 죽음을 기다리라는 뜻이 아니다. 역설적으로 하루하루 치열하게 몰입하면서 현재의 삶에 충실하라는 말이다. 바로 "카르페 디엠(Carpe diem)"이다.

순간이 모여 하루가 되고, 하루가 모여 1년이 되고, 그렇게 모인 시간은 역사가 된다. 지금 이 순간에 최선을 다하지 않고, 준비 없이 보낸다면 우리에게 다가온 기회를 영원히 잡지 못한다.

영화 〈바람과 함께 사라지다〉에 "내일은 내일의 태양이 뜬다"란 말이 나온다. 이 말을 그저 막연한 희망과 기대, 자기합리화, 현실도피를 위해 인용하면 정말 우리의 인생은 바람과 함께 사라진다. 이 대사는 주인공 스칼렛이 떠나간 연인 레트를 되찾기 위해 고향으로 돌아가겠다는 치열한 현실인식과 치밀한 계획을 세운 데서 비롯된 것이다.

연약한 인간의 몸으로 정글의 왕자가 된 타잔의 생존 비밀은 줄타기이다. 줄타기의 핵심은 항상 먼저 잡았던 줄을 놓고 새로운 줄을 잡는 것이다. 만약 타잔이 잡았던 줄에 집착하여 놓지 않았다면 아마 사자나 호랑이의 먹이가 되었을지도 모른다.

마찬가지로 우리는 익숙한 것들과 결별하고 낯선 곳으로 가기 위해 새로운 줄을 잡아야 한다. 오늘이 마지막인 것처럼 치열하게 살면 내일은 선물처럼 다가온다. 그 선물은 잘 익은 빨간 사과가 나무에서 떨어지기를 기다리는 것이 아니라 매 순간 선택하고 모든 에너지를 집중해야 내 것이 된다.

그래서 인생을 BCD라고 했는지도 모른다. 태어남(Birth)과 죽음(Death) 사이에 끊임없는 자기 주도적 선택(Choice)이 인생인 것이다. 누군가는 또 어제는 지나간 히스토리이고, 내일은 알 수 없는 미스터리이고, 오늘은 선물이라고 했다. 그래서 오늘 현재를 영어로 선물(present)이라고 표현하는지도 모른다.

잘 죽는 것은 무엇일까?

치매에 걸린 유대인 어머니가 품위 있고 평화롭게 죽음을 맞을 수 있도록 도와주고 싶다는 아들의 질문에 랍비는 "그분의 죽음이기 때문에 마지막 순간까지 그분이 선택하도록 해야 할 것"이라고 대답한다.

어머니가 죽음을 원한다고 해서 약을 드리거나 머리에 총을 겨누라는 의미가 아니라 그분이 식사를 거부하는 것을 받아들이라는 이야기다.

죽음을 선택한다는 것은 죽어가는 사람의 입장에서는 자살을 의미하는 것으로 볼 수 있다. 죽기 위하여 약을 먹는 행위를 적극적 자살로, 식음을 전폐하는 것을 소극적 자살로 생각할 수도 있다는 것이다. 적극적 자살은 분명 반대하는 입장인 것 같지만 소극적 자살은 허용할 수도 있다는 것이다. 식사를 중단하는 결심을 내렸다고 하더라도 시간이 지나 마음이 바뀌어 다시 식사를 시작하면 할 수가 있다.

적극적 자살이나 소극적 자살이나 스스로 목숨을 끊는 행위는 유대의 율법에서 금하고 있지만 금지된 것과 허용된 것 사이에 회색지대가 있을 수 있다는 것이다.

과거 종교지도자들이 "신이 생명을 주시고 생명을 가져가신다. 당신들에게는 간섭할 권리가 없다"라고 말할 수밖에 없었던 것은 교회법에 따라야 했기 때문이다. 하지만 사람들 저마다 선택권을 가지고 있다고 인식하고 있는 지금은 개인의 선택을 존중해 주면서도 신의 뜻을 지킬 수 있는 길을 모색하고 있는 것이다.

어떤 유대인은 삶을 정리하는 단계에서는 무엇을 어떻게 해야 하는지를 깨닫게 되는데, 그 과정을 인생의 12월을 여행한다고 비유했다. 사실 봄, 여름, 가을, 겨울과 같은 계절이나 열두 달은 끝없이 순환하는 구조를 의미하지만 죽음을 코앞에 둔 사람에게 12월은 인생의 마지막 달일 수밖에 없다.

사람이 사람답게 사는 것을 웰빙(Wellbeing)이라고 하고, 사람이 사람답게 죽는 것을 웰다잉(Welldying)이라고 한다. 그리고 사람이 사람답게 늙는 것을 웰에이징(Wellaging)이라고 한다.

사람의 연령에는 자연연령, 건강연령, 정신연령, 영적연령 등이 있다. 영국의 노인 심리학자 브롬디는 "인생의 4분의 1은 성장하면서 보내고, 나머지 4분의 3은 늙어가면서 보낸다"고 했다.

사람이 아름답게 죽는다는 것은 여간 어려운 일이 아니다. 그러나 보다 어려운 일은 아름답게 늙는 것이다. 아름답게 늙어가기 위해서는 무엇을 중요하게 여겨야 할까?

첫째, 일과의 관계가 중요하다

나이가 들수록 열정을 잃지 않도록 해야 한다. 나이가 들면서 네 가지의 고통이 찾아온다. 질병, 고독감, 경제적 빈곤, 그리고 역할 상실이다. 점점 의욕과 열정을 잃어가게 된다. 노년을 초라하지 않고 아름답게 보내는 비결은 사랑, 여유, 용서, 아량, 부드러움이다. 특히 가장 중요한 것은 열정이다.

모세는 80세에 민족을 위해 새로운 출발을 했다. 노년기에 열정을 가지면 위대한 업적을 남길 수 있다. 세계 역사상 최대 업적의 35%는 60~70대에 의하여 성취되었다고 한다. 그리고 23%는 70~80세 노인에 의하여, 또 6%는 80대에 의하여 성취되었다고 한다. 결국 역사적 업적의 64%가 60세 이상의 노인들에 의하여 성취된 것이다.

소포클레스가 『클로노스의 에디푸스』를 쓴 것은 80세 때였고, 괴테가 『파우스트』를 완성한 것은 80이 넘어서였다. 대니얼 디포는 59세에 『로빈슨 크루소』를 썼고, 칸트는 57세에 『순수 이성비판』을 발표하였고, 미켈란젤로는 로마의 〈성 베드로 대성전의 돔〉을 70세에 완성했다. 베르디, 하이든, 헨델 등도 고희의 나이를 넘어 불후의 명곡을 작곡하였다.

둘째, 믿음 중심의 인간관계가 매우 중요하다

나이가 들면서 초라하지 않으려면 대인관계를 잘해야 한다. 즉 인간관계를 '나' 중심이 아니라 '믿음' 중심으로 가져야 한다. 미국 카네기멜론 대학에서 인생에 실패한 이유에 대하여 조사했는데 전문적인 기술이나 지식이 부족했다는 이유는 15%에 불과했고 나머지 85%는 잘못된 대인관계에 있다고 했다. 그만큼 인간관계는 살아가는 데 중요한 부분을 차지한다는 것이다.

나이가 들면서 사람은 이기주의가 강해진다. 노욕(老慾)이 생긴다. 모든 것을 자기중심적으로 생각한다. 그러면서 폭군 노릇을 하고 자기도취에 몰입하는 나르시시즘에 빠질 수 있다. 또는 염세적이고 운명론적인 생각이 지배하는 숙명론에 빠질 수도 있다. 이런 사람의 대인관계는 결국 초라하게 될 수밖에 없다.

결국 인간관계는 중심축이 무엇이냐에 따라 달라질 수 있다. 물질 중심의 인간관계를 갖는 사람은 나이 들수록 초라해지고 '일' 중심이나 '나' 중심의 인간관계를 갖는 사람도 역시 마찬가지로 초라해진다. 타인 중심의 인간관계를 갖는 사람은 나이가 들면서 찾는 사람이 많고, 따르는 사람도 많다. 가장 좋고 풍요로운 인간관계를 갖는 것은 믿음 중심의 인간관계다. 변함없는 가치관을 갖는 믿음 중심의 대인관계를 웰에이징이라 한다.

웰에이징이 잘 되어야 마지막도 행복하다.

셋째, 용서하기

마지막으로 인생의 마침표를 찍기 전에 반드시 해야 할 일이 '용서하기'이다. 내가 해를 입힌 사람, 나에게 해를 입힌 사람 그리고 나 자신을 용서해야 한다.

사실 나에게 해를 입힌 사람을 용서하는 일은 그리 어렵지 않다. 하지만 내가 해를 입힌 사람으로부터 용서를 구하는 일은 상대가 있는 탓에 결코 쉽지 않다. 직접 만나서 용서를 구하는 것이 최선이겠지만, 상대가 이미 세상을 떠났거나 멀리 있어 만날 수 없는 경우라면 편지를 써서라도 해야 한다.

마지막 용서는 나 자신을 용서하는 일이다. 내가 무엇을 잘못해서 어떤 벌을 받아야 하는지는 내가 가장 잘 알지만 나 자신을 용서한다는 것은 무엇보다 어려운 일이다. 그럼에도 나를 용서해야 살아온 세월을 정리하고 남은 사람들에게 아름다운 작별의 인사를 남기고 편안하게 눈감을 수 있다.

다시 말해 행복한 삶(wellbeing)이란 잘 살다가(welldoing), 멋지게 나이 들어(wellaging) 잘 죽는 것(welldying)이다. 인생의 마지막 순간을 연습하는 것도 행복하게 잘 죽는 기술, 즉 '아르스 모리엔디'의 해답이 된다.

새로운
약

생명은 누구에게나 똑같이 귀중하다.
어떤 목숨도 죄 없는 다른 사람 목숨보다 더 값비싸지는 않다.

어떤 의사에게 전염병에 걸린 환자가 찾아왔다.

환자는 몹시 고통스러워했지만 의사는 약을 줄 수 없었다.

이미 전염병에 걸린 많은 사람이 그 약을 가져갔고 다른 사람이 순서를 기다리고 있었기 때문이다.

그러자 환자와 가족들은 랍비를 찾아가서 사정했다.

"랍비님은 유명한 의사들과 친분이 있다고 들었습니다. 우리 아들이 먹을 약을 구해 주시면 안 될까요?"

랍비는 부모가 하는 청을 듣고 곧바로 몇몇 친한 의사에게 약을 달라고 말했다. 그러자 한 의사가 대답했다.

"자네가 한 부탁대로 순서를 무시한 채 그 약을 준다면 누군가는 그 약을 구하지 못하고 죽고 마네. 그렇게 해서라도 자네는 그 약을 꼭 얻어야겠는가?"

그가 하는 말을 듣고 곰곰이 생각에 잠긴 랍비는 약을 구하지 않기로 결론을 내렸다.

비록 내일 세계의 종말이
온다 할지라도, 나는 오늘
한 그루의 사과나무를 심겠다

내 비장의 무기는 아직 손안에 있다. 그것은 희망이다.
― 나폴레옹

날개 다친 새는 바로 날지 못한다. 다친 날개를 반드시 치유해야 하늘을 날 수 있다. 사람도 마찬가지다. 희망의 날개를 펼치기 위해서는 현실에 안주하지 말고 끊임없이 변화를 해야 한다.

희망에 대한 나폴레옹의 일화는 유명하다. 나폴레옹은 자신의 부하들에게 실망하는 모습을 보인 일이 없다. 전쟁에 나가 패하는 일이 있어도 그는 자신감에 넘쳤다. 그래서 누군가 나폴레옹에게 "어떻게 그렇게 자신감이 넘치느냐"고 물었다. 나폴레옹의 대답은 간단했다.

"나는 하나 믿는 것이 있고 그것을 갖고 있다. 그것은 바로 희망이다."

희망이 있어야 자신감을 갖고 바라는 것을 이루기 위해 도전하게 된다. 희망은 살아가는 이유다. "지금 무엇을 왜 하는가?"라고 물으면 다들 "무언가를 이루기 위하여"라고 대답한다. 바로 희망이다. 그 희망을 찾아 최선을 다하는 거다. 희망의 날갯짓을 해야한다. 머지않아 희망은 풍성한 열매를 안겨준다.

윈스턴 처칠은 제2차 세계대전 때 나치 독일에 맞서 연합국을 승리로 이끈 위대한 인물이다. 그는 전시의 지휘력도 탁월했지만 훌륭한 웅변력과 집필력을 바탕으로 노벨 문학상을 수상하기도 했다. 그 후에 그는 옥스퍼드 대학 졸업식에서 축사를 맡게 된다. 청중들은 모두 이 거장이 어떤 근사한 축사를 할지 모두 궁금해했다. 놀랍게도 그의 입에서 나온 말은 한마디뿐이었다.

"Never give up!"

짧지만 강력한 감동의 한마디를 남겼다. 그 후 그는 청중들을 찬찬히 둘러보았고, 청중들은 그다음 나올 말에 대해 귀를 기울였다. 그리고 그는 다음 마디를 더욱 의연한 목소리로 내뱉었다.

"Never, never give up!"

이렇게 말하고 그는 모자와 파이프를 챙겨 바로 자리를 떠났다고 한다. 그가 떠난 자리는 청중들의 우레와 같은 함성과 박수 소리로 채워졌다. 영국에서 가장 존경받는 위인으로 꼽히는 윈스턴 처칠, 그는 사회에 나갈 준비를 마친 20대들에게 가장 하고 싶은 말이 있었을 것이다. 그것은 절대, 절대로 포기하지 말라는 것. "절대로 포기하지 않는 것" 그것이 그의 인생에서도 가장 소중한 신념이었기 때문이다.

　그대, 힘든가! 그래서 포기하고 싶은가! 그렇다면 다시 한번 마음을 다잡아라! 그리고 힘을 내라! 자신감을 갖고 당당히 날아라! 날개를 다친 새가 될지언정 날개를 잃은 새가 되어서는 안 된다. 멈춰 서 있으면 아무것도 이룰 수 없다.
　당신의 목적지를 향하여 "비록 내일 세계의 종말이 온다 할지라도, 나는 오늘 한 그루의 사과나무를 심겠다"는 스피노자의 말을 기억하며 희망을 향해 힘차게 날아라! 날개가 못 쓰게 될 때까지 희망을 향하여 당당하게 날아라!

자신감과
도둑

위대한 사람은 기회가 없다고 원망하지 않는다.

- 랠프 월도 에머슨

  어느 날, 마을 사람들이 더 이상 자신을 존경하지 않는다는 사실을 깨달은 랍비는 마음이 무척 괴롭고 힘들었다. 그러나 어떻게 해야 할지 몰라서 고민에 빠졌다. 그러던 그는 십계명에서 이런 구절을 보았다.

  "도적질하지 말라."

  그러자 그는 다른 사람이 가진 물건을 훔치는 일뿐만 아니라 랍비 자신에게서 자신감과 좋은 점을 훔치려 했던 마음도 나쁘다는 생각이 들었다.

  곧이어 그는 또 한 가지 사실을 깨달았다. 랍비 자신이 스스로를 아끼고 사랑하지 않았기 때문에 마을 사람들도 자신을 존경하지 않았다는 사실이었다. 그는 자기 단점과 모자란 부분만 보고 자신 감을 잃어가자 마을 사람들도 자신을 하찮게 대했다는 결론을 얻을 수 있었다.

자신감을 잃으면 자신이 갖고 있는 장점을 잃어버리니 이는 도둑질하는 행위와도 같다. 스스로 아끼고 사랑해야 다른 사람도 그렇게 대할 수 있으며, 이웃에게 봉사할 때도 자신에게 그런 능력이 있음을 믿어야 한다.

◆　◆　◆

살면서 가장 중요한 것은 자신을 사랑하는 일이다.

나를 믿고 나를 사랑하고 나에게 확신을 가져야 무엇이든 당당하게 행동할 수 있다. 내가 먼저 나를 사랑해야 더 나은 사람이 되려고 희망을 가지게 되고 희망이 있어야 노력을 한다. 노력하다 보면 간절하게 바라던 것에 가까이 가게 된다.

스스로의 힘에 의해 무언가를 이루고 나면 자신감이 넘치게 된다.

나를 나답게 훌륭하게 만드는 것을 내 마음이 시켜 행동하게 된다.

스스로를 아끼는 사람은 행동이 당당하고 도전하려는 용기가 가득하다. 그것은 모두 강한 자신감에서 출발한다.

자신감의 출발은
희망이다

나 자신에 대한 자신감을 잃으면, 온 세상이 나의 적이 된다.
- 에머슨

　자신감은 어디에서 나오는 것일까? 어떻게 해야 자신을 믿을 수 있을까?
　미래에 대한 희망이 없어도 자신감이 생길까?
　지금보다 더 나아지려는 노력을 기울이지 않아도 자신감이 생길까?

　아들 넷을 둔 한 노인이 있었다. 아들 모두가 행복하게 잘 살기를 바랐던 노인은 교훈을 주기 위해 여러 가지 이야기를 생각해 냈다. 그중에서 한 가지를 소개한다.

어느 날 노인은 네 아들을 한자리에 불러 숙제 하나를 주었다. 봄, 여름, 가을, 겨울에 같은 배나무 한 그루를 관찰한 뒤 자신이 보고 느낀 점을 함께 나누는 것이었다. 네 아들은 각각 다른 계절에 배나무를 보았기에 느낀 점도 제각각이었다. 막내아들의 '보고'까지 듣고 난 노인은 네 아들을 다시 불러서 말했다.

"너희가 각자 본 배나무의 모습은 한 계절만의 모습에 불과하단다. 그리고 배나무는 계절마다 모습이 다르지. 우리가 살아가면서 의기소침해지고 실패할 때도 있지만, 즐겁고 행복할 때도 있는 것과 같은 이치야. 나무는 언제나 똑같은 나무이지만 계절은 늘 바뀐단다. 사람도 마찬가지여서 언제나 똑같은 우리이지만 마음이 시도 때도 없이 바뀌는 것과 같지."

아들들은 아버지의 말을 듣고 고개를 크게 끄덕였다. 그리고 그것이 자신들에게 남기는 아버지의 마지막 교훈이라는 사실도 깨달았다.

노인은 네 아들이 살아가면서 일시적으로 일이 잘 풀리지 않는다고 주저앉거나 반대로 갑자기 일이 잘 풀린다고 해서 초심을 잃고 오만해지지 않는 등 인생의 희로애락을 능동적으로 받아들이고 대응하기를 원했다.

인생은 마치 대자연의 사계절과도 같아서 만물이 소생하는 봄과

초록의 잎이 무성한 여름이 있고, 열매가 풍성히 맺히는 가을과 잎이 시들어 떨어지는 겨울이 있다. 『탈무드』에 나오는 이 우화는 단순하지만 깊은 교훈을 담고 있다.

자신감은 마음속의 희망에서 싹튼다는 것을 알려준다. 꿈을 가진, 희망이 있는 사람이 든든한 자신감을 갖게 된다. 희망이 있어야 자신감이 생기고 자신감이 생겨야 당당히 도전하는 용기가 생긴다.

자신감의 원천은 바로 '희망'이다.

봄의 싱그러움과 여름의 찬란함, 가을의 풍성한 수확을 안으려면 겨울의 혹독함을 견뎌 이겨내라.

일시적인 고통 때문에 미래에 대한 희망을 포기하지 마라.

아무리 힘들어도 가슴 깊은 곳에 희망을 간직해야만 묵묵히 자신의 길을 걸어갈 수 있고, 칠흑같이 어두운 곳에서도 길을 계속 더듬어 나아갈 수 있으며, 마음속에 간직한 목표를 향해 한 걸음 두 걸음 씩씩하게 나아갈 수 있다.

셰익스피어는 "불행을 치료하는 약은 희망뿐"이라고 했다. 희망은 마음을 치료하는 빨간 약이고, 고통이나 더 큰 불행도 치유할 수 있다.

유대인의 우화에 나오는 것처럼 배나무는 계절마다 모습이 다르다. 우리가 살아가면서 의기소침해지고 실패할 때도 있지만, 즐겁고 행복할 때도 있는 것과 같은 이치다. 나무는 언제나 똑같은 나무이지만 계절은 늘 바뀐다. 사람도 마찬가지여서 언제나 똑같은 우리이지만 마음이 시도 때도 없이 바뀌는 것과 같다.

지혜롭고 이성적인 사람은 결코 부정적인 감정에 휘말리지 않는다. 부정적인 감정은 에너지를 낭비하게 만들고 스스로를 우울하게 하고, 심하면 건강까지 해친다.

부정적인 감정이 밀려오면 좋아하는 일을 하며 천천히 밀어내라. 그리고 '자신을 믿어라', '마지막에 웃는 사람은 바로 나'라며 스스로 마인드컨트롤을 하라.

자신감을 가지고 희망을 향해 한 걸음씩 옮겨가야 변화가 생기고, 변화는 새로운 열정을 부른다.

흔들림 없는 희망이 있어야 넘치는 열정과 포기하지 않는 끈기를 가질 수 있고, 창의력도 샘솟는다. 창의력은 바로 기적을 부른다.

미래에 대한 꿈, 희망이 없다면 자신감도 상실하고 인생 또한 빛을 잃은 채 살아가는 의미를 잃게 된다.

미래에 대한 멋진 풍경을 그리고 싶다면 유대인처럼 언제나 희망을 가슴에 품고, 때로는 평탄하지만 때로는 울퉁불퉁한 인생의 길을 뚜벅뚜벅 걸어가라.

꿈은 이상이기도 하지만 마음먹기에 따라 현실이 된다. 어떤 예기치 못한 일들을 현실에서 마주하게 되더라도 희망을 포기하지 마라.

가슴속에 희망을 품고 있어야 고난을 극복하고 꿈에 그리던 성공 신화의 주인공이 된다.

'인간은 희망 속에서 살아가는 존재'라는 단순한 말 속에 답이 있다.

현명하고 강인하며 적극적이고 낙관적인 유대인처럼 어떤 역경에서도 희망과 열정을 간직하며 끊임없이 노력하라.

머지않아 보통 사람들이 꿈에도 생각하지 못한 기상천외한 기적을 창조하여 세상을 깜짝 놀라게 하리라.

용기는 도전을 부르고
도전은 선을, 선의 끝은
행복이다

용기의 대부분은 조심성이다.

- 셰익스피어

『탈무드』의 〈선과 악〉이라는 예화에 보면 이런 이야기가 있다.

먼 옛날, 신은 자신만 생각하는 사람들을 보다 못해 엄청난 홍수를 일으켰다.

세상에 있는 모든 생명은 노아가 만든 방주로 몰려들었다. 그 가운데 선도 있었다.

하지만 신은 노아에게 짝이 있는 생명만을 방주에 태우라고 명령했다.

신이 내린 명령대로 노아는 짝이 없던 선을 방주에 태울 수 없었다.

"이런, 나도 짝을 찾아와야겠군!"

노아가 내뱉은 단호한 말에 선은 허겁지겁 짝을 찾기 시작했다.

더 늦기 전에 짝을 찾아 방주에 타야 했기에 선은 마음이 급해졌다. 이윽고 짝을 찾은 선이 방주로 돌아왔다.

"자, 나도 짝과 함께 왔소."

"과연 그렇군."

노아는 선과 그 짝을 방주에 태웠다. 선이 데려온 짝은 바로 악이었다.

그 뒤로 선이 있는 곳에는 언제나 악이 함께 있었다.

◆　◆　◆

유대인의 이야기에서처럼 세상에는 모든 곳에 선과 악이 존재한다.

그 어떤 곳에도 악이 없는 곳은 없다.

선이 있는 곳에 악이 있고 악이 있는 곳에 선이 있다.

모두가 착하고 완전한 세상은 미래가 없다.

그렇다고 악만 있어도 세상은 무너진다.

선과 악은 동전의 양면처럼 항상 같이 있다.

인생도 마찬가지다. 자신의 운명은 스스로가 만들고 있다.

운명이 바깥세계에서 오는 것 같지만 알고 보면 자기 자신의 약한 마음, 게으른 마음, 성급한 버릇, 짜증 내는 버릇, 걱정하는 습관, 이런 것들이 운명을 나쁜 쪽으로 흐르게 한다.

착한 마음, 부지런한 습관, 배려하는 마음, 웃는 습관, 이런 것들이 좋은 운명으로 이끈다.

용기가 없으면 좋은 운명으로 바꿀 수가 없다.

인생의 고비 때마다 오는 승부도 용기가 없으면 제대로 할 수 없다.

취업, 결혼, 창업, 집 장만, 투자 등의 승부도 대단한 용기가 필요하다.

인생은 결국 도전이고 이 도전들은 '머리'로 하는 것이지만, 그것을 밀어붙일 수 있는 힘은 '가슴'에서 나온다.

물론 도전하면 실패도 따라온다.

그러나 그 실패를 발판으로 다시 일어서야 운명은 좋은 쪽으로 방향을 튼다.

결국 인생은 용기를 가지고 얼마나 많이 도전하느냐에 따라 운명의 방향이 결정되는데, 스스로를 완전히 컨트롤하며 이겨내야 최고의 용기를 가진 돈키호테가 되어 도전하게 된다.

도전을 많이 할수록 실패할 확률도 높겠지만 자신감과 성취감 그리고 선과 아주 자주 마주하게 된다.

그대, 행복을 바라는가?

그렇다면 선이 있는 곳으로 마음을 움직여라.

선을 찾아 용기 있게 도전하라.

용기는 도전을 부르고 도전은 선을, 선의 끝은 행복임을 명심하라.

보석의
진짜 주인

가난한 랍비가 있었다. 그는 산에서 나무를 베어 장작을 패 장터에 팔아 근근이 먹고살았다.

장작을 내다 팔 장터가 너무 멀어, 공부할 시간이 줄어들자 랍비는 고민에 빠졌다.

'장터를 오고 가는 시간만 줄일 수 있다면 얼마나 좋을까?'

그러던 어느 날, 장터에 나간 랍비는 아랍 상인이 파는 당나귀를 보았다.

'옳거니! 저 녀석이 있으면 문제없겠군.'

랍비는 아랍 상인에게 가서 건강한 당나귀를 한 마리 샀다.

그리고 당나귀 등에 짐을 올리고 자신도 올라탔다. 당나귀는 한 달음에 제자들이 기다리고 있는 집으로 돌아왔다.

이른 시간에 도착한 랍비를 보고 깜짝 놀라 제자들이 기뻐하며 말했다.

"기특한 당나귀 덕분에 선생님께서 시간을 아끼시는군요."

제자들은 당나귀를 냇가로 데리고 가서 물로 정성스럽게 씻겨주었다. 그런데 갈기에 붙어 있던 무언가가 바닥에 툭 떨어졌다.

자세히 들여다보니 떨어진 물건은 보석이었다. 놀란 제자들은 헐레벌떡 랍비에게 뛰어갔다.

"선생님, 와서 좀 보십시오! 당나귀 갈기에 붙어 있던 보석입니다. 보석만 있다면 더 이상 장작을 패지 않아도 됩니다. 공부하면서 저희들을 가르칠 시간도 무척 많아질 거예요."

랍비는 보석을 보고도 좋아하기는커녕 오히려 제자들에게 화난 목소리로 소리쳤다.

"당장 장터로 가서 아랍 상인에게 보석을 돌려주어라!"

"선생님이 사신 당나귀 갈기에서 이 보석이 나왔습니다. 그러니 선생님께서 가지는 게 당연하지 않습니까?"

"나는 당나귀를 샀지 보석을 사지는 않았다. 내가 산 물건만 갖는 게 당연하지 않느냐."

하지만 제자들은 고집을 꺾지 않았다. 결국 랍비는 직접 보석을 들고 장터에 가서 아랍 상인에게 돌려주었다.

아랍 상인은 눈을 동그랗게 뜨고 랍비에게 말했다.

"당신이 그 당나귀를 샀고, 보석은 당나귀 털에 붙어 있었소. 그런데 나에게 왜 돌려주시오?"

"유대인은 자기가 산 물건만 갖습니다. 대대로 내려온 이 전통과 신념에 나는 그저 따를 뿐이오. 자, 보석을 가져가세요."

아랍 상인은 결국 보석을 돌려받았다. 하지만 보석보다 랍비가 보여준 그 겸손함이 더욱 놀라웠다.

아랍 상인은 기쁜 마음으로 보석을 소중히 간직했다.

◆　◆　◆

가난하더라도 내 소유가 아니면 갖시 않는 유대 전통은 보다 깨끗하고 고결하게 사는 모범을 보여준다.

값비싼 보석보다 중요한 것은 깨끗하고 정직한 마음이다.

정직한 마음으로 산다면 반드시 행운은 찾아온다.

꿈의 실천은 만족이고,
만족의 끝은 꿈의
완성이다

한 사람의 심성과 이성을 이해하려면 그가 지금까지 무엇을 이루었느냐가 아니라 앞으로
무엇을 하고 싶어 하느냐 하는 포부를 살펴봐야 한다.

- 칼릴 지브란

『탈무드』의 〈나무를 심는 노인〉이라는 예화에 보면 이런 내용이
있다.

　어떤 노인이 뜰에다 어린 나무를 정성스레 심고 있었다. 그 옆을
지나가던 호기심 많은 나그네가 노인에게 물었다.

　"지금 무슨 나무를 심고 계시나요?"

　"과일나무입니다."

　"그 나무는 언제쯤 열매를 맺을 수 있을까요?"

　"글쎄요. 아마도 30년 뒤에나 열리겠지요."

　나그네는 이상하다는 표정을 지으며 다시 물었다.

"영감님이 그때까지 살아 계실까요?"

"아무리 오래 살아도 그때까지 살 수는 없겠지요."

"그런데 왜 나무를 심으시나요? 열매가 열려도 보지 못하실 텐데요."

노인은 고개를 갸웃거리며 되묻는 나그네에게 빙그레 웃음을 지었다.

"내가 어렸을 때, 우리 과수원에는 열매가 주렁주렁 열린 나무들이 많았지요. 내가 태어나기 전에 아버지가 열매 열린 나무들을 볼 수 있도록 묘목을 심어주셨기 때문이죠. 나도 지금 아버지와 같은 일을 하고 있어요. 먼 훗날, 내 자식들과 손주들이 이 나무를 볼 수 있도록 말이죠."

◆　◆　◆

노인이 나무를 심는 이유가 뭘까?

그 이유는 현재 자신의 이익이나 풍요를 위해서가 아니다.

노인은 미래의 자식들과 자손들이 행복해하는 모습을 꿈꾸며 나무를 즐겁게 심으며 만족을 느낀다.

지금 심은 나무는 10년, 20년, 30년 후에도 늘 그 자리를 지킬 것이고, 노인이 떠나고 난 후에는 후손들이 자신을 기억하며 나무 그늘에서 편안히 쉬기도 하고, 나무에 달린 과일을 수확하여 경제적인 풍요를 안게 될 것이다.

무엇을 하든 눈앞의 이익을 생각하지 말고 5년, 10년, 20년 후의 미래를 꿈꾸며 계획하고 실천하라.

당장 이익이 돌아오지 않더라도 옳다고 생각하는 일을 정성을 다해 실천하라.

목적지를 향해 멈추지 말고 꾸준히 나아가라.

지금 비록 힘이 들더라도 확신을 가지고 정성을 다하면 언젠가는 누군가가 활짝 웃게 되리라.

자식이, 그 후손이 풍요롭게 살게 되리라.

한 방울의 물이 모이고 모여 시냇물이 되고 또 강물이 되고 큰 바다가 되듯, 풍부한 경험은 미래를 내다보는 정직한 혜안을 선물한다.

간절히 바라는 꿈, 그것을 실천하면 또 다른 꿈이 찾아온다.

꿈의 실천은 만족이고, 만족의 끝은 꿈의 완성이다.

꿈이 이루어지면 성취감을 느낄 것이고 성취감은 바로 행복이다.

행복해지고 싶으면 오늘부터 차근차근 꿈을 계획하고 실천에 옮겨라.

현명한 사람이
되기 위한
7가지 법칙

01 자기보다 잘난 사람 앞에서는 말을 삼간다.

02 상대방의 말을 끊지 않고 끝까지 경청한다.

03 대답할 때 침착하게 행동한다.

04 질문할 때는 언제나 요점만 물어본다. 대답할 때는 조리 있게
   답한다.

05 일의 앞뒤를 분명히 한다.

06 모르는 것이 있으면, 모른다는 것을 솔직하게 인정한다.

07 진실은 진실로 받아들인다.

싫으면 하지 마라,
그러나 하려면
최선을 다하라

유대인들은 자녀를 가르칠 때 "싫으면 그만둬라, 그러나 하려면 최선을 다하라"고 가르친다.

동양에서는 공부를 '하지 않으면 안 되는 것'으로, 학교나 유치원은 '가지 않으면 안 되는 곳'이라 생각한다. 그래서 아이들은 공부하는 것, 학교 가는 것을 '의무'라고 생각하고 있다. 책임과 의무로 아이들을 옭아매는 것은 그들을 따분하고 싫증 나게 한다.

어쩔 수 없이 가는 학교, 어쩔 수 없이 해야 하는 공부라면 즐거울 리가 없다.

유대인들은 "하기 싫으면 그만둬라, 그러나 하려면 최선을 다하라"고 가르친다. 동양권에서는 배움은 '의무'라고 가르치지만 유대인들은 배움은 책임이 따르는 '자유'임을 강조하고 있다.

유대인들은 아이들이 공부하기 싫어하는 것은 어른들의 책임이라고 생각한다. 유대인 학교에서는 학생들에게 공부는 '달콤하고 즐거운 것'이라는 인상을 심어주려고 많은 노력을 기울인다.

이스라엘의 초등학교에서는 등교 첫날을 공부의 '달콤함'을 학생들에게 가르쳐주는 날로 정해놓고 있다. 교사는 신입생에게 히브리어의 알파벳 스물두 자를 가르치는데, 꿀 묻힌 손가락으로 글자를 쓴다. 그러면서 이제부터 배우게 될 모든 것은 꿀처럼 달고 맛있는 거라고 얘기해 준다.

또 학생 전원에게 케이크를 나눠주는 학교도 있다. 맛있는 크림으로 만든 달콤한 케이크 위에는 히브리어 알파벳이 역시 크림으로 쓰여 있다. 학생들은 교사를 따라 크림 알파벳을 손가락 끝으로 더듬어가며 빨아 먹게 된다. 결국 배움은 즐거움이고 달콤하다는 것을 가르쳐주는 지혜로운 노력이다.

어린아이는 스스로의 능력을 끝까지 추구한다. 어린아이는 부모들이 자신의 의사를 존중해 주면, 공부를 할 때도 자신의 능력에 따라 적극적으로 나서려는 의욕을 갖게 된다.

그 한 가지 예로, 러시아의 혁명가인 레온 트로츠키는 열 살 때부터 남보다 뛰어나고 싶다는 욕망을 품고 선생님도 풀지 못하는 어려운 문제를 들고 나와 선생을 곤경에 빠뜨리기 일쑤였다고 한다.

이렇듯, 자기 자신의 능력을 추구하는 데 지나치리만큼 열성적인 유대 어린아이들은 부모의 희망을 받아들일 때도, 자기 자신의 의사를 적극적으로 반영한다.

아이들의 장래에 대해 지나치게 기대감을 갖거나, 단시간에 교육에 대한 결과를 얻기 위해 재촉하여 아이들에게 강박증을 갖게 해서는 안 된다. 아무리 자식을 사랑한다 하여도 아이를 대신하여 공부하고 그 인생을 대신 살아줄 수는 없다.

어디까지나 아이 스스로가 자신의 길을 발견하고 스스로의 능력에 맞는 길을 찾아 만족하며 살 수 있도록 이끌어주는 것이 최선의 결과를 얻는 교육 방법이다.

변화는
새로운 선물이다

삶을 바꾸는 것을 생각해 보았는가? 누구든 현재 자신이 가진 것, 그리고 자신이 하는 일과 습관 혹은 생각을 바꾸는 것, 다시 말해 현재 익숙한 것들을 바꾸는 것은 쉽지 않다.

변화한다는 것 자체가 어떻게 보면 상당한 리스크를 감당해야 하고 많은 부담을 갖게 된다. 하지만 더 이상의 방법이 없다면 막다른 곳에 와 있다면 자의에 의해서라기보다는 타의적으로 바꾸어야 한다.

누구든 현재 가진 것을 내려놓으려고 하지 않는다. 게다가 새로운 것을 자신이 친숙하게 생각하는 방향으로 만드는 것도 쉽지 않다.

"세상을 변화시키려는 사람은 많다. 그러나 자기 자신을 변화시키려는 사람은 많지 않다."고 한 톨스토이의 말처럼 자신을 변화시키기란 힘들다.

변화도 배움이다. '배우다'의 사전적 의미는 "지식을 얻거나 기술을 익히다. (남의 바람직한 행동이나 태도 등을) 본받아 그대로 따르다. (어떤 습관, 습성, 버릇 따위를) 몸에 익히다" 등이다.

삶은 배움의 연속이다. 태어나서 죽을 때까지 친구처럼 함께 가야 한다. 그러니 배움은 느리더라도 멈추지 말고 꾸준히 업그레이드의 연속이 되어야 한다.

『탈무드』는 배움이라는 의미를 가지고 있다. 이 책은 알고 싶은 것을 위한 질문으로 시작하여 답으로 끝난다. 물론 변하고 싶다는 말을 하기는 쉽지만 실제로 변하기는 쉽지 않다. 그러나 바꾸면 삶이 더 행복하고 윤택해진다.

그럼에도 변화를 망설이는 이유는 세 가지이다. 하나는 새로운 일에 대한 적응을 두려워하기 때문이다. 둘째는 아무리 상황이 나빠도 변화하면 상황이 더 악화되지는 않을까 하는 걱정 때문이다. 셋째는 변화에 따른 불편함을 견디지 못할 것이라는 편견이다. 그러나 변화를 경험하지 않으면 지금 그대로의 삶만 반복할 뿐이다.

◆　◆　◆

카네기는 "인생은 진정한 부메랑과 같다. 당신이 준 만큼 되돌아온다."고 말했다.

변화는 대단한 것이 아니다. 어제와 다른 새로운 것을 도전해서 경험하는 것이다. 안 하던 등산을 하기 시작하고, 싫어하는 자전거를 타기 시작하고, 포기했던 공부를 다시 시작한다면 그것이 바로 작은 변화의 출발이다.

변화를 두려워해서는 안 된다. 변화는 삶의 동반자라고 생각해야 한다. 세상은 멈춰 있지 않고 늘 변화하고 움직인다. 자기 변화 역시 즐겁게 갖고 놀 줄 아는 놀이 친구여야 한다. 그것이 모두가 깜짝 놀랄 만한 새로운 창조를 만들어내기도 하니까.

대학생 때 아이디어를 내서 페이스북을 탄생시킨 주커버그처럼 좋아하는 것에 꾸준히 몰입하며 변화를 준다면 하기 싫은 일을 하는 것보다 훨씬 쉽고 목적의식이 더 커지고 반짝이는 영감도 이끌어낼 수가 있다. 물론 그것에 이르기까지 수많은 연습, 그리고 실패가 찾아오고 그럼에도 포기하지 않고 도전하는 의지가 필요하다.

유대인들은 "훌륭한 사람에게는 선생님이 두 명 있는데 한 명은 교사고 또 한 명은 자기 자신이다"라고 말한다. 자기 자신을 돌아보면서 배우고 스스로를 바르게 이끌 변화의 주인공이 되어야 한다. 누구에게나 장점이 있고 단점이 있다. 단점이 많다고 해서 부끄러워할 필요는 없다. 다만 꾸준히 변화해서 장점을 더 크게 만들면 된다.

이 세상에 사람들은 왜 태어났을까? 사람이 태어난 이유를 두고 『탈무드』는 이렇게 말한다.

"사람은 자기 자신을 아끼면서 다른 사람을 도우려고 태어났다."

때문에 누구든지 자신만 생각하며 살아도 안 되고 타인만 위하며 살아도 안 된다. 자기 자신만 생각하면 비열하고 이기적인 사람이 되고 타인만 생각하면 무엇이나 믿어버려 스스로를 불행하게 만들기 때문이다. 우선 자기 자신을 깨우쳐야 한다. 그래야 내가 바뀌고 나아가 세상도 달라 보이게 된다.

지금 내가 사는 세상은 누군가에게는 좋은 세상일 수 있지만 누군가에게는 그렇지 않은 세상일 수도 있다. 그리고 대부분 '지금 살아가는 곳이 좋은 세상이 아니다'라고 생각하는 경우가 많다. 사람들이 사는 이 '커다란 세상'을 바꾸려면 어떻게 해야 할까? 그리고 그곳에서 살아가는 우리는 정말 이 세상을 바꿀 수 있을까? 이런 질문을 마주했을 때 사람들은 이렇게 말한다.

"나는 너무나 작고 보잘것없어서 세상을 바꿀 힘이 없어."

이런 생각은 옳지 못하다. 세상에서 일어난 모든 문제는 사람이 시작한 일에서 생겼다. 그러므로 어떻게 하느냐에 따라 세상은 바뀔 수 있다. 작가 브라이언 트레이시는 이렇게 말했다.

"첫걸음을 떼는 그 행동에서 승자와 패자가 구분된다."

변화는 작은 것에서부터 시작된다. 우선 내가 바뀌면 내 주위와 세상이 조금씩 바뀌게 된다. 세상을 변화시키는 힘은 나부터가 시작이다.

아침에 일어나서 밖으로 나가며 새로운 첫걸음을 떼는 순간이 변화의 시작이다. 이 새로운 첫걸음이 어디로 향하는가에 따라 내일은 어제와 같거나 어제와 다른 날로 바뀐다. 새로운 첫걸음이 새로운 첫날을 선물하는 것임을 명심하자.

책을 읽어야
하는 이유

좋은 책을 읽는다는 것은
과거의 가장 훌륭한 사람들과 대화하는 것이다.
- 데카르트

『탈무드』에 이런 말이 있다.

"책을 너의 벗으로 삼고 책꽂이를 정원으로 삼아라. 그리고 벗의
아름다움을 즐기며 정원의 열매를 따 먹고 책의 향기를 즐기도록
해라.

동전 하나가 든 항아리는 시끄럽게 소리를 내지만 동전이 가득
찬 항아리는 아무리 흔들어도 조용하다.

가장 현명한 사람은 모든 것으로부터 배울 수 있는 사람이고, 가

장 사랑받는 사람은 모든 사람을 칭찬하는 사람이며, 가장 강한 사람은 자기 감정을 조절할 줄 아는 사람이다."

유대인들은 자녀가 태어나면 『토라(Torah)』라는 그림책에 꿀을 발라 준다. 이렇게 하여 무의식적으로 아이는 '책은 달콤한 것'이라는 인상을 갖게 된다. 책 읽는 것이 습관이 되어 아이들이 5~6세가 되면 자연스레 종교적인 내용부터 사회 전반의 이야기가 담겨 있는 『탈무드』를 읽을 수 있다.

특히 유대인 어머니들은 아이들이 잠들기 전에 옆에 있어준다. 아이들이 잠들기까지 함께 있어주는 시간은 아이들에게 중요하다.

낮에 아이들이 아무리 심한 꾸지람을 들었어도 일단 잠자리에 들어가면 될수록 따뜻하게 대해주는 것이다. 어머니가 아이들의 가슴 위에 손을 얹고 내일이면 모든 걱정이 깨끗이 사라질 것이라고 말해주는 건 아이들이 불안이나 걱정의 한 자락을 지닌 채 잠들지 않도록 하기 위해서이다. 이것은 아이들 하루의 끝이 편안하고 내일도 무사하기를 바라는 마음에서 비롯된 예부터의 관습이다.

아이들이 잠들 때까지의 그 짧은 시간을 이용해서 대개의 어머니는 책을 읽어준다. 이것은 유대의 어머니가 아이들에게 직접 주는 지적 교육의 하나라고 할 수 있다.

유대의 전통에 따라 어머니가 읽어주는 책은 『성경』으로, 그중에서도 아이들이 좋아하는 것은 영웅들에 관한 이야기다. 모세가 유대인들을 이끌고 이집트를 탈출한 이야기나 다윗 왕과 거인 골리앗의 이야기는 아이들이 매우 열중하여 몇천 년의 오랜 역사를 단번에 거슬러 올라가서 마치 자기가 그곳에 있는 것처럼 상상력을 전개시킨다.

잠들기 전에 책을 읽어주는 것은 유치원이나 학교 교육을 보강해 주는 효과도 있다. 또 이렇게 성경의 영웅담을 듣고 마음에 새기게 되면 훗날까지도 그것이 계속되어 상상력이 풍부한 시인이나 작가가 되기도 한다.

그래서인지 유대인 중에는 시인 하이네를 비롯하여 작가 프란츠, 토마스 만 등 뛰어난 상상력을 구사하는 문학가가 많다.

하이네는 영웅 나폴레옹을 찬미하다 걸작을 낳게 되었고, 특히 토마스 만은 몇 줄의 『성경』 구절에서 아이디어를 얻어 그처럼 훌륭한 장편을 썼다고 한다.

또 어머니의 머리맡 이야기는 2~3세의 아이들에게 정해진 시간에 잠자리에 드는 좋은 습관을 붙여주는 계기도 된다.

◆　◆　◆

빌 클린턴 대통령은 "나를 대통령으로 만든 것은 어린 시절 마을 도서관이었다"고 말했다. 클린턴 대통령은 대통령이 된 후에도 독서를 많이 한 것으로 유명하다. 심지어 백악관 집무실에서 헬리콥터장으로 걸어가면서도 책을 읽었다. 세계적 토크쇼의 여왕인 오프라 윈프리는 "아버지의 강요로 어린 시절 책을 많이 읽었는데 그때 읽은 책이 내 인생을 바꾸었다"고 했다.

책을 많이 읽는 민족이라면 유대인을 들 수 있는데, 유대인은 다른 민족들로부터 '책 많이 읽는 민족'이라 불렸다. 역대 노벨상 수상자의 23%가 유대인이다. 전 세계 인구의 0.2%를 차지하는 민족이 이런 업적을 이룬 것은 그들의 독서 습관과 깊은 관련이 있다.

독서는 많은 것을 가져다준다.

첫째, 책을 통하여 지식을 얻을 수 있다. 인류 문명을 발전시키고 개인의 능력을 키우는 지식의 중요성은 아무리 강조해도 지나치지 않다. 따라서 책을 읽는 자는 남보다 더 많은 지식을 가질 수 있어서 앞서 나갈 수 있다.

둘째, 책을 읽는 것은 마음을 평온하게 해준다.

셋째, 독서는 창의력을 키워준다. 창의력은 많은 생각, 다양한 경험의 조합으로부터 얻어지는데 독서를 통하여 창의력 또한 기를 수 있다.

넷째, 독서는 경제적이다. 책을 통하여 다른 사람들이 많은 시간과 경비를 투자해 얻은 지식과 경험을 쉽게 그리고 짧은 시간에 얻을 수 있다.

프란시스 베이컨은 "독서는 완전한 인간을 만들며, 담론은 기지 있는 사람을 만들고, 글을 쓰는 것은 정확한 인간을 만든다"고 갈파했다. 빌 게이츠도 말했다. "세계 최고 대학의 학생이 되는 것보다 독서 잘하는 것이 더 중요하다."

사과나무에서 사과가 떨어지는 것을 모든 사람들이 당연시하고 있을 때 1687년 뉴턴은 그것을 매우 신기하게 생각하고, 마침내 지구는 잡아당기는 힘이 있다는 만유인력 법칙을 발견했다. 20세기의 아인슈타인은 같은 속도로 달리는 두 대의 기차가 움직이지 않는 것처럼 보이는 현상을 보고, 위대한 '상대성 원리'를 발견했다.

이들이 세계를 움직이는 위대한 인물이 될 수 있었던 것도 책을 많이 읽었기 때문이다.

왜 사람들은 책을 읽지 않을까? 게을러서? 바빠서? 습관이 안 돼 있어서? 돈이 없어서? 각자의 변명은 있다.

그러나 책을 읽어야 희망이 있다. 사람은 호기심이 있어야 무엇을 할 수 있다. 세계 문학사의 거인 괴테는 "만 권의 책을 읽었지만 아직도 나는 만족하지 못한다"고 했고, 프랑스의 철학자 몽테뉴는 "가장 값싼 방법으로 가장 오랫동안 즐거움을 느낄 수 있는 방법은 독서다"라고 말했다. 영국의 문필가 토머스 칼라일은 "오늘의 참다운 대학은 도서관"이라고 말했다.

책을 읽으면 생각의 폭이 넓어지고 통찰력, 집중력, 사고력도 높아진다. 더불어 책 속에 흠뻑 녹아 있는 지식도 나의 것으로 만들 수 있다.

가장 중요한 것은 책은 세상 모든 것과 소통하게 해준다는 점이다. 책을 읽음으로써 자신의 역량을 한층 더 높여갈 수 있으며, 자신이 스스로 삶의 변화를 체험하게 된다. 다시 말해 독서는 보다 나은 새로운 삶으로 변화시켜 주는 힘을 준다.

미래의 주인공이 되고 싶다면 호기심 가득한 눈으로 책을 읽어라. 책을 통해서만 인생의 혁신(renovation)과 사고의 전환(paradigm-shift)이 가능하다. 결국 인간이 간절히 소망하는 것들은 책 속에 가득하다. 책 속에 길이 있고 돈이 있고 행복이 있다.

책 읽는 모습을
보여줘라

책은 가장 조용하고 변함없는 벗이다. 책은 가장 쉽게 다가갈 수 있고 가장 현명한 상담자
이자, 가장 인내심 있는 교사이다.

– 찰스 W. 엘리엇

『탈무드』에 나오는 말 중에 "돈을 빌려주는 것은 거절해도 좋으
나, 책을 빌려주는 것은 거절하지 말라"는 격언이 있다. 유대인이
얼마나 책 읽기를 좋아하는지를 짐작할 수 있는 말이다.

아이에게 책을 읽히고 싶으면 먼저 책을 가까이하는 부모가 되
어야 한다. 자식과 부모는 서로의 거울이다. 자식이 어릴 때는 부
모가 아이의 거울이 되지만 자식이 어른이 되면 자식은 부모의 거
울이 된다.

자식을 올바르게 키우기 위해서는 말로만 "이렇게 하라, 저렇게
하라" 해서는 안 된다. 부모가 모범이 되어야 한다.

유대인들 사이에는 어진 사람이 따로 존재하지 않는다. 다만 현명하게 배운 사람이 있을 뿐이다. 사람은 일생 동안 공부하도록 돼 있다는 것이 유대인의 기본적인 생각이며 신념이다.

아무리 지혜로운 사람이라도 배우기를 중단하는 것은 용납되지 않는다. 중단한 그 순간에 지금까지 배운 모든 것을 잊게 된다고 생각하는 것이다. 공부는 출세를 위한 것이 아니다. 잘 먹고 잘 쓰고 가치 있게 잘 살기 위해서 하는 것이다.

유대인들은 인간은 '현명한 사람'과 '어리석은 사람'의 구별이 있을 따름이므로, '안 배운 사람'은 '제대로 된 사람'이 아니라는 인식이 뇌리에 단단히 박혀 있다.

유대의 오랜 전통에 의하면 하느님을 공경한다는 것은 배운다는 것과 같은 뜻이다. 시너고그에 모이는 사람들에게 예배란, 단지 하느님께 기도하는 일만 뜻하는 것이 아니다.

『토라』를 배우는 것 역시 유대인에게는 중요한 일상이었고, 이렇게 날마다 배움에 힘써야만 비로소 부모는 자녀의 교사가 될 자격을 갖췄다고 여겼다.

예부터 유대인은 '책의 민족'이라 일컬어지고 있다. 유대인이 다른 민족으로부터 숱한 박해를 받은 근본적인 이유도, 그들이 책으로 인해 뛰어난 지혜를 얻었기 때문이다.

공부하는 아버지의 흉내를 내며 성장하여, 세계 최고의 외교가로 명성을 날린 사람이 있다.

유대인으로선 최초로 미 국무장관의 지위에 오른 헨리 키신저, 그의 자서전에 보면 어렸을 때 매주 아버지와 함께 공부를 했다고 쓰여 있다.

그의 아버지 루이는 과거 독일에서 여고 교사로 일했는데, 가족들이 살던 방 다섯 개짜리 아파트는 책으로 가득 찼다고 한다. 어렸을 적에 늘 책 읽는 아버지의 모습을 보고 자라 그것이 그를 학문의 세계로 이끈 것이다.

'배운다'는 말 속에는 '모방한다'는 의미가 내포되어 있는데, 배움이 모방에서 시작된다는 것이다.

유대인들은 결혼을 하고 아버지가 되어도 늘 책을 가까이하지만 우리나라 아버지들은 회사에서 퇴근하여 책상 앞에서 책을 읽는 모습을 거의 찾아보기 힘들다. 아버지만의 책상이나 책장조차 없는 가정도 꽤 있다. 유대인의 시각으로 볼 때는 정말 이해할 수 없는 상황이다.

문화와 사회구조의 차이도 이유가 될 수 있지만, 그럼에도 부모가 자식의 거울이 되어야 한다는 것을 깊이 깨닫고 있는 부모는 책상이 아니어도 소파나 식탁에서도 책을 가까이하게 된다.

『탈무드』 율법이 가르치는 것처럼, 책은 모든 사람의 공유물이며 모든 사람은 배움의 의무를 지니고 있다. 그리고 죽을 때까지 배움을 중단해서도 안 된다. 그게 인간의 숙명이다.

배움이 좋은 직장, 좋은 결혼을 위한 수단이 아니라 행복하기 위한 필요충분조건이라 생각할 때 배움은 즐거울 것이다.

배움과 거리가 먼 생활을 하는 부모는 자식에게 인생의 훌륭한 롤 모델이 될 수 없다. 배움을 일생 동안 습관처럼 열정적으로 지켜나갈 때 본인도 자식도 긍지를 갖게 되어 부모는 자식에게, 자식은 자라서 또 부모에게 자랑스럽고 멋진 거울이 될 수 있다.

배움의 완성은
행복이다

과거를 지배하는 자가 미래를 지배하며
현재를 지배하는 자가 과거를 지배한다.
 -조지 오웰

『탈무드』에 이런 말이 있다.

"인간은 20년 걸려서 배운 것을 2년 안에 잊을 수가 있다."

사람은 누구나 배움을 통해서 습관을 만들고 익숙한 습관은 성격이 된다. 따라서 무엇이든 호기심을 갖고 질문에 대한 답을 찾으려고 노력해야 한다. 『탈무드』는 "좋은 질문에는 좋은 해답이 따라온다"고 했다.

가끔 누군가에게 새롭고 놀라운 질문을 받으면 한 번도 해보지 않은 고민을 하고, 좋은 대답을 할 수 있다. 질문과 답은 똑같은 힘을 지니고 있다.

무엇에 대해 질문하는 '호기심'은 매우 중요하다. 호기심이 없다면 무엇에 대해 생각을 하고 또 행동으로 이어지지 않는다. 호기심 덕분에 생각을 하게 되고 또 그것의 답을 찾기 위해 행동을 한다. 훌륭한 사람은 늘 호기심 속에 살며 함부로 믿고 큰소리치거나 으스대지도 않는다. 또 분명하지 않은 일에는 생각보다 직접 행동으로 옮겨 답을 찾는다.

오래전, 랍비들을 지나치게 깊은 생각이 도리어 행동을 못 하게 막는다고 보았다. 여러 가지를 깊게 생각하고 망설이다가 아무 결정도 내리지 못한다면 좋은 기회를 놓칠 수 있기 때문이다. 때로는 과감하고 열정적인 행동이 큰 깨달음을 얻고 좋은 결과를 얻을 수 있게 해준다. 끝없이 새로운 것에 도전하며 배워야 한다.

배움이 멈추는 순간 삶은 끝이 난다. 무엇을 배워 성취하거나 실패하면서 사람은 스스로를 돌아보며 평가하고 반성하게 된다. 배움 속에서 새로운 사람과의 교류도 생긴다.

배움에는 퇴로가 없다. 어쩌면 사람에게 있어 배움이란 평생 짊어지고 가야 할 운명의 바위인지도 모른다. 그런 면에서 배움은 그리스 신화에 나오는 '시시포스의 바위'란 생각이 든다.

신의 눈 밖에 난 시시포스. 그에게 엄청난 형벌이 주어진다. 신은 높은 바위산을 가리킨다. 그리고 기슭에 있는 큰 바위를 산꼭대기까지 밀어 올리라고 한다. 시시포스는 온 힘을 다해 바위를 꼭대기까지 밀어 올린다. 하지만 바위는 제 무게만큼의 속도로 굴러떨어져 버린다. 시시포스는 다시 바위를 밀어 올려야만 한다.

그러나 배움의 길이 아무리 멀어도 열정을 가지고 도전하면 닿지 못할 곳은 없다. 멈추지 않고 걷고 달리며 가면 된다. 길이 없으면 밟고 또 밟아 길을 만들면 된다. 내가 만들어서 낸 길이어야 나에게 깨달음을 주는 배움이 된다. 부딪치고 부딪쳐서 깨지지 않는 것은 없다. 안 된다는 편견이나 삐딱한 시선을 버리고 부딪쳐 오는 거센 바람을 가슴으로 이겨내야 한다.

누구에게나 새로운 것을 배운다는 것은 편하지 않다. 나름의 무게를 안고 있다. 배움이 클수록 그만큼의 무게를 안고 가야 한다. 배움도 내가 견딜 만큼이어야 나에게 행복을 안겨준다. 배움도 내 눈높이의 것을 욕망하면 된다. 그 이상의 높은 곳을 바라본다면 고통을 안게 된다.

배움에 있어 남과 비교하지 마라. 비교하는 순간 고통이 덮쳐 아무엇도 하지 못하게 나를 쓰러뜨린다. 『탈무드』에 이런 말이 나오지 않는가!

"모든 고통은 비교에서부터 온다."

배움도 내 현실을 정확하게 받아들이고 그 안에서 최선을 찾아야 만족을 느끼게 된다.

간절히 배움을 원하는가! 그렇다면 시시포스의 형벌이 끝나는 날까지 용기를 가지고 내 한도의 최대치를 사용하라! 하여 내 열정의 불길을 후회 없이 뿜어내라.

그냥 그 자리에 안주하거나 예전의 고정된 패러다임에서 벗어나라! 새로운 변화를 두려워하지 마라!

배움의 세계는 넓다. 평면적인 배움에서 입체적인 배움으로 거듭나라!

그래야 더 많은 생각을 할 수 있으며 더 많은 길을 찾아갈 수 있다. 확실한 배움의 열매를 거둘 수 있다.

배움의 완성은 어디서든 인정을 받고 환영을 받는다. 무엇보다도 스스로에 대한 높은 자긍심, 경외심이 생기게 된다.

그리고 찾게 된다. 내가 그토록 바라던 멋진 미지의 세계를!

이 세상에
존재하는 모든 것은
존재할 이유가 있다

밭에서 한 농부가 허리를 구부리고 땀을 뻘뻘 흘리며 잡초를 뽑고 있었다.

"이 잡초만 없다면 이렇게 고생하지 않을 텐데. 신은 왜 이런 하찮은 잡초를 만드셨을까?"

일에 지친 농부가 혼잣말로 투덜거렸다. 그러자 뽑혀 나온 잡초가 말했다.

"우리도 쓸모 있는 존재랍니다. 진흙 속에 뿌리내려서 흙을 갈아주고, 비가 내릴 때는 흙이 흘러내리지 않도록 막아주지요. 또 바람이 불어 모래나 먼지가 날리지 않도록 해주기도 한답니다. 이 밭을 지켜주고 있는 건 당신이 하찮게 여기는 우리랍니다."

농부는 그제야 잡초가 얼마나 중요한지 깨달았다. 그리고 다시는 잡초를 하찮게 생각하지 않았다.

신은 세상에 있는 모든 것을 저마다 어딘가에 쓸모가 있도록 만들었다.

이처럼 낡고 하찮으면서도 초라하게 여기는 무언가도 언제 어딘가에서 도움을 준다.

위의 우화는 『탈무드』의 〈하찮음이 주는 귀중함〉이라는 글이다.

누구나 하찮게 여기는 잡초도 진흙 속에 뿌리내려서 흙을 갈아 주고, 비가 내릴 때는 흙이 흘러내리지 않도록 막아 주고, 또 바람이 불어 모래나 먼지가 날리지 않도록 하듯, 세상에 태어난 이상 우리 모두는 각자 어떤 역할을 타고났다.

태어나지 말았어야 하는 것은 단 하나도 없다. 모두가 중요하고, 세상에 꼭 필요한 존재이다.

전 세계 어디를 찾아봐도 나와 똑같은 사람은 없다.

나는 단 하나밖에 없는 존재이다.

어느 노래 가사처럼 반드시 '최고(Number one)'일 필요는 없다.

'단 하나(Only one)'인 자신을 믿어라.

어떤 인생이든 인생은 인생이니까.

자신의 가슴에서 울려 나오는 소리를 따라 인생을 걸어가는 사람은 아무리 비루한 생활을 할지라도 천하지 않다.

다만 어디로 가든지 길을 떠나기 전, 자신이 꼭 그 길을 걸어가야 하는지 깊이 생각하라.

그러고 나서 마지막으로 자신에게 한 가지 질문을 하라.

이 길이 과연 자신의 가슴이 걸어가라고 재촉하는 길인가를. 만약 그렇다면 그 길은 옳은 길이고, 그렇지 않다면 그 길은 잘못된 길이다.

인생은 동전의 양면과 같다. 앞면에는 '행복'이라는 그림이 그려져 있고 또 뒷면에는 '불행'이라는 그림이 그려져 있다. 그 둘 중에서 어느 쪽을 선택하느냐는 자신의 몫이다.

스스로 어느 쪽에서 살 것인가를 늦지 않게 결정해야 한다.

무엇을 생각하고 어떻게 느끼는가는 스스로 선택하는 것이니까.

결국 인생은 자신의 선택이고 몫이니까.

PART 3

부를 실천하며
사는 삶

그대가 스스로의 행동양식을 바꿀 때,
비로소 그대가 존재하는 세상도 바꿀 수 있다.
그러지 않고서는 세상을 바꿀 수 없다.
세상을 바꿀 수 있는 유일한 방법은 그대의 비전, 세계관을 바꾸는 것이다.
그리하면 어느 날 문득 그대는 전혀 다른 세상에 살게 될 것이다.

- 오쇼 라즈니쉬

물고기를 주는 대신
물고기 잡는 법을
가르쳐라

인내는 모든 문을 연다.
너의 희망의 문은 인내가 열쇠이다.

– 라퐁텐

　부모가 아이에게 물고기를 잡아주면 아이가 하루를 살지만 물고기 잡는 법을 알려주면 평생 살아갈 수 있다. 유대인 부모들은 아이에게 재산을 물려주기보다는 슬기와 지혜, 즉 사고하는 법을 전하는 것을 부모의 의무로 생각한다.

　유대인들은 지식만 있고 지혜가 없는 사람을 많은 책을 등에 실은 당나귀에 비유한다. 지식은 지혜를 쌓기 위해 지니고 있는 것이지 쌓아두는 것이 아니라는 것이다. 부모는 아이에게 재산을 물려주기보다는 어릴 때부터 생각하는 법을 가르치고 경험할 수 있는 기회를 만들어주어야 한다. 이것을 단적으로 표현하는 유대의 오랜 속담이 있다.

"물고기 한 마리를 주면 하루를 살지만, 물고기 잡는 방법을 가르쳐주면 일생을 살 수 있다." 여기에서 '물고기'를 '지식'과 바꿔놓고 보면, 이 속담의 뜻을 알 수 있다. 아이들에게 학문만을 가르칠 게 아니라, 배우는 방법을 가르쳐주라는 것이다.

그런데 동양에선 일정한 양의 지식을 아이들의 뇌리에 주입시켜 어떻게든 좋은 대학에 진학하는 일에 대부분의 에너지를 소모하게 된다. 이것은 물고기 한 마리를 손에 쥐여주는 것과도 같다.

그렇게 해서 부모의 도움으로 진학은 무난히 할 수 있겠지만, 그 뒤엔 또 어떻게 할 것인가? 취업이 기다리고, 사회생활이 기다리고 결혼이 기다리고 있는데 그것을 어찌 부모가 대신할 수 있겠는가?

그렇다면 물고기를 손에 쥐여주는 것보다 스스로 물고기를 잡는 방법을 가르쳐야 한다. 자율적 독립심을 어려서부터 습관처럼 가르쳐야 스스로 모든 일을 해결할 수 있는 당당한 존재가 된다.

유대 학교에서는 학생들에게 리포트 제출을 요구할 때 먼저 많은 자료를 수집하라고 조언한다. 수많은 자료를 효율적으로 짜 맞추고 배열해서 두뇌에 리포팅할 수 있게 교육한다. 물론 리포트의 평가에 있어선 단순한 내용이 아닌, 자료들을 어떻게 활용했는가를 우선적으로 본다. 이처럼 모든 유대인 교육은 최대한 두뇌를 많이 활용하는 환경 안에서 교육을 받기 때문에 다른 민족보다 크게 성장하는 것이다.

유대인들은 자식들에게 어려서부터 몸을 움직여 일하기보다는 두뇌의 활용을 생활화하게 하고 있다. 우리나라처럼 교사가 일방적으로 설명하고 답을 찾아주는 주입식 교육이 아니라 교육 환경 자체가 상호 토론으로 이루어지기 때문에 늘 머리를 써야 한다. 다시 말하자면, 성장 배경부터가 모두 머리를 쓰지 않고는 안 되게끔 되어 있다.

그렇다고 해서 유대인들이 육체노동에 대해 어떤 편견을 가지고 있는 것은 절대 아니다.

'머리를 쓰라'는 말은 모든 유대인 아이들이 부모로부터 항상 듣는 얘기이다. 그들은 아이를 야단치는 상황이 오더라도 결코 머리를 때리지 않는다. 혹시 뇌에 어떤 충격이라도 가해질까 염려스럽기 때문이다.

결국 유대인들이 머리가 좋다는 것은, 선천적으로 유전자가 월등하기보다는 일상생활에서부터 두뇌를 창조적으로 활동시키도록 늘 훈련한 결과라 할 수 있다.

그것은 달리 표현하면 비록 유대인이 아니라도 그러한 환경에서 성장하게 되면 높은 지적 수준의 인간이 될 수 있다는 말이다.

결론적으로, "물고기를 주는 대신 물고기 잡는 법을 가르쳐라"는 말은 지식을 가르쳐주는 것보다 한 걸음 더 나아가 지식 얻는 방법을 가르치라는 의미가 된다.

죄란 무엇이며
어떻게 극복할 것인가

선을 행할 때는 그것이 초래할 어려움과 그것이 가져다줄 행복을
함께 저울에 올려보고, 악을 행할 때는 일시적인 쾌락이 주는 즐거움과
그것에 뒤따를 불행을 함께 저울에 올려보라.

– 『탈무드』

『탈무드』에서는 죄를 이렇게 표현했다.

"살인은 한 사람만 죽이지만 막말은 말한 사람, 듣는 사람, 대상
이 된 사람 세 사람을 죽인다."

"죄는 처음에는 손님이다. 그러나 그대로 두면, 손님이 그 집 주
인이 되어버린다."

유대인들은 사람이라면 누구든지 죄를 지을 수 있다고 생각했

다. 그들이 생각하는 죄는 이런 특징이 있다. 활을 쏘아 과녁 가운데를 맞출 수 있는 사람이 실수로 과녁을 빗겨 나가도록 쏘듯, 우연히 저지른다는 점이다. 유대인들은 지은 죄로 용서를 구할 때, '내 죄'가 아니라 '우리 죄'라고 말한다. 모두 한 가족이라고 생각하기 때문이다. 그래서 유대인 한 사람이 저지른 잘못도 모든 유대인이 잘못한 일이라고 여긴다.

그들은 자신이 잘못하지 않았어도 늘 신께 용서를 구한다. 쌓아온 선행과 기도가 모자랐기 때문에 다른 유대인이 나쁜 행동을 했다고 여긴다.

인간이 처음 죄를 지은 것은 언제일까?

성서의 〈창세기〉를 보면 인간은 에덴동산이라는 신화적인 땅에 살고 있었다. 그곳에서는 신이 인간처럼 지상에서 걷기도 하고 인간에게 말을 걸기도 한다.

신은 수많은 나무들 가운데 동산 한쪽에 우뚝 서 있는 '선과 악을 구분할 수 있는 지식의 나무'를 심어놓았다. 그는 이 나무의 열매를 따 먹지 말라고 명령한다. 인간은 이 나무의 열매를 따 먹는다. 이 행위는 불순종과 원죄의 시작이었다.

결국 신은 아담에게 "네가 흙으로 돌아갈 때까지 얼굴에 땀을 흘려야 음식을 먹을 것이다"라고 말했고 이브에겐 "너에게 임신하는 고통을 크게 더할 것이니, 너는 고통을 겪으며 자식을 낳을 것이다"라고 말했다.

노동은 신이 아담에게 명령한 소명이다. 산고의 고통은 이브에게 명령한 소명이 되었다. 노동과 산고를 통해 인간은 자신의 존재를 확인하고 자아를 실현한다. 아담과 이브의 이야기를 제외하고서라도 주변에서 얼마든지 죄를 짓는 사람을 볼 수 있다. 살면서 누구나 크고 작은 죄를 짓는다.

그러나 법 앞에 서는 일은 거의 없다. 법보다 말의 재판을 많이 받고 산다. 누군가 무심코 던진 말 때문에 상처를 받아 고통스러워하는 사람이 너무 많다. 법의 심판보다 말의 재판이 때로는 더 가혹할 때도 많다. 특히 진실이 아닌 진실로 포장된 말의 재판 때문에 자살을 택하는 사람도 있다.

도스토옙스키의 『죄와 벌』에 나오는 주인공 라스콜리니코프는 세상은 가진 자가 못 가진 자를 지배하는데, 자기는 거기에서 아무것도 하지 못하고 있다고 낙담한다.

자기가 볼 때 가진 자에 속하지만 절대 권력도 아닌 그저 전당포의 한 노파에 불과한 인간이 빈곤한 자를 홀대하는 것을 보며, '저런 사람을 죽이는 게 무엇이 죄냐, 오히려 이 사회의 정의를 일으키는 게 아닌가'라는 생각을 시작한다.

'그것이 상대적 강자에 의해 피해를 당하는 많은 사람들이나 이 사회의 약자를 도와주는 게 아닌가?'라는 생각도 한다.

그래서 그는 '선택된 강자는 인류를 위해 도덕률을 넘어설 권리가 있다. 따라서 이 사회의 기생충에 불과한 저 전당포 노파를 죽여도 된다.'는 생각을 용감하게 실천했지만 그를 기다린 건 뜻밖에도 극심한 죄의식이었다. 결국 그는 나중에 자신의 죄를 참회하고 법정에서의 심판을 자청한다.

도스토옙스키의 『죄와 벌』에서도 강조하듯 모든 것은 인과응보요, 사필귀정의 원칙으로 매듭지어진다. 다만 조금 빠르거나 조금 느릴 뿐이다.

인간의 삶에는 상처와 그늘, 그리고 욕망이 만드는 죄와 벌, 선과 악의 상승과 하락의 곡선이 있다. 그들은 상반되고 모순된 것들이 대립하면서도 동시에 상생한다. 이질적인 모순들이 복잡하게 얽혀 있는 것, 그것이 바로 인간의 마음속 풍경이다.

인생에서 가장 바람직한 원칙은 스스로에게 부끄럽지 않을 만큼 큰 죄를 짓지 않고 자신의 유일한 '길'을 가는 것이다. 매 순간 발걸음이 닿는 길이 바로 '목적지'를 향하는 한 걸음이 되어야 한다.

자신의 길이 분명하게 있음에도 그 길을 가지 않고 다른 길을 선택하는 것이 가장 큰 '죄'가 될 것이다.

그 길을 가는 과정은 사람들과의 관계 속에 노동을 하고, 먹고, 입고, 자는 것을 말한다. 자고, 입고, 사람들을 만나며, 일을 하는 것이다.

자신의 인생에 책임과 의무를 다하려는 사람일수록 죄의 굴레에 더 많이 유혹될 수 있다. 따지고 보면 유혹에 자주 빠지는 사람일수록 죄를 많이 짓게 된다.

나쁜 유혹을 물리치는 것도 용기이고 도전이다. 자기의 의무를 다하기 위해 나쁜 운명과 맞서야 할 때도 많다. 나쁜 유혹을 물리치려고 애쓰는 괴로움도 곰곰이 생각해 보면 한 걸음 나아가서 무엇인가 좋은 일을 하고 올바른 것을 지키기 위한 도전이다.

그 모든 것을 극복하고 이겨내야 당당히 자신의 유일한 '길'을 가게 되는 것이고 큰 죄를 짓지 않으며 스스로에게도 부끄럽지 않은 당당한 삶을 살아가게 되는 것이다. 남보다 더 맑고 순수한 영혼을 간직하면서 감사하며 베풀며 살게 될 것이다.

아버지의 역할은
무엇인가 1

배움이 없는 자유는 언제나 위험하며
자유가 없는 배움은 언제나 헛된 일이다.
　- 존 F. 케네디

　유대인 사회는 부계 사회이다. 『탈무드』에 부모 이야기가 나올
때에도 아버지가 가장 먼저 등장한다.
　예를 들어 부모가 동시에 물을 원하면 먼저 아버지에게로 가져
가라고 쓰여 있다. 어머니에게 먼저 가져간다 해도 어머니 역시 아
버지를 존중하기 때문에 결국 아버지에게 가게 되는 것이다.
　유대인 사회에서는 아버지의 권위가 매우 강하며, 지금도 유대
인 가정에서 자녀들에게 『탈무드』를 가르치는 사람은 아버지다.
히브리어 '아버지'는 '교사'라는 의미도 포함하고 있다.
　아버지는 아이들에게 정신적 지주이다. 아내는 남편을 가정의

지도자로서 존경하며 모든 최종 결정권을 일임하고, 이것을 보는 아이들은 가정 안에서 아버지의 지위에 존경과 신뢰를 갖게 된다.

바로 이것이 유대인 가정에 확고한 질서를 뿌리내리게 하는 근본이다. 아이들은 항시 이상적인 아버지상을 추구하면서 정신적 완성을 이루어나가고 있기 때문이다.

아버지는 사상, 힘, 권위의 상징이며, 어머니는 사랑, 정서, 동정(눈물)의 상징이다. 그리고 자녀는 희망의 상징이다. 즉 아버지는 지식과 사상의 영역을 담당하고, 어머니는 정서의 영역을 담당한다.

아버지는 자녀에게 『토라』의 사상을 전수하고, 자녀는 아버지의 그런 사상을 본받는다.

유대인 부모에게 가장 중요한 의무는 자녀 교육이다. 이스라엘 사회 공동체의 일원이 되기 위한 필수 조건이 부모의 『토라』교육이다.

유대인의 종교 교육, 즉 사상과 학문의 근본 지침은 '쉐마(Shema)'에서 시작된다. 히브리어 '쉐마'는 '들으라(hear)'라는 뜻의 단어이다. '들으라'에는 '순종하다(obey)'란 뜻도 있다.

◆　◆　◆

유대인에게 좋은 부모란 신본주의 사상, 즉 『토라』를 자녀에게 가르치는 부모다. 그리고 일차적인 선생의 의무는 아버지 몫이다. 아버지는 그 가정의 제사장이며, 교사이다.

히브리어로 아버지를 '아바(aba)'라 한다. 이 단어에는 네 가지 뜻이 있다. 첫째 공급자(Supplier), 둘째 보호자(Protector), 셋째 인도자(Guider), 넷째 교육하고 훈육하는 자(Instructor)이다.

가정에서 권위 있는 아버지가 되기 위해서는 아버지 스스로 투철한 신본주의 사상을 갖고 있어야 하고, 매사에 가족을 보호할 수 있는 힘을 길러야 한다. 솔로몬의 선생은 아버지 다윗이었다. 아버지가 자녀를 직접 가르칠 경우 대략 다섯 가지의 교육학적 유익함이 있다.

첫째, 부모가 자녀를 충분히 이해할 수 있다. 상대방을 이해하지 않고는 상대방을 효과적으로 지도할 수 없다.

둘째, 자녀는 안식일마다 아버지의 교육을 받기 위하여 늘 준비하는 습관을 기르게 된다. 다시 말하면, 자녀는 일주일 동안 배운 내용을 복습하게 된다.

셋째, 아버지가 자녀를 직접 가르칠 경우 유대인 아버지의 교육 방법은 귀납법적 질문의 형식이기 때문에 이보다 더 좋은 조기 천재 교육 방법은 없다.

넷째, 아버지의 영향을 강하게 받아 아버지의 사상과 생활 풍습을 닮게 된다. 즉, 영육 간에 세대 차이가 없게 된다.

다섯째, 유대인 자녀는 이러한 아버지의 사상과 더불어 교육의 방법도 그대로 본받는다.

올바른 자녀 교육이란 전인 교육을 말한다. 전인 교육을 위해서도 부모 각자가 할 일이 있다.

가정에서 사상, 힘, 권위의 상징인 아버지는 『토라』교육으로 자녀의 신본주의 사상과 IQ를 계발해 준다. 그러나 정서가 없이 IQ와 사상만 강한 사람은 차갑고 인정이 메마르기 쉽다.

반면 여성은 사랑, 정서, 눈물의 상징이다. 어머니는 자녀에게 믿음 안에서 종교적인 EQ 교육을 충실히 해준다. 그러나 사상과 이성 없이 감정만 풍부한 사람은 주관이 흔들리기 쉽다. 사상과 이성이 약하면 의지가 약하기 때문이다.

따라서 유대인 자녀 교육에서는 아버지의 신본주의 사상의 IQ 계발 교육과 어머니의 정서 교육이 조화를 이루게 한다.

자녀의 유대인다운 본질은 어머니에 의하여 결정되지만, 그 유대인의 본질을 잘 다듬어 도덕적 형식을 갖추게 하는 역할은 아버지 몫이다.

어머니가 믿음을 통한 신앙을 전수한다면 아버지는 그 신앙 위에 『토라』의 논리를 가르친다.

다시 말하면, 여성은 자녀들이 어떠한 사람이 되느냐(What to do)를 가르치고, 남성은 어떻게 행동하느냐(How to act)를 가르친다.

즉 유대인은 남성의 할 일과 여성의 할 일을 구분하고 각자 맡은 역할에 충실한다. 남성은 '미드라쉬의 집(Beit HaMidrash)'을 주관하고, 여성은 '가정'을 주관한다.

아버지의 역할은
무엇인가 2

당신이 할 수 있다고 생각하면 할 수 있고,
할 수 없다고 생각하면 할 수 없다.
- 헨리 포드

아버지가 자녀에게 『성경』을 가르치는 자세도 두 가지가 있다.
마음의 자세와 외형적인 자세이다.

첫째 마음의 자세를 알아보자. 『탈무드』에서는 누구든지 아들에
게 『토라』를 가르치는 사람은 그가 마치 호렙 산상에서 율법(성경)
을 직접 받은 것 같은 감동으로 가르치라고 말한다. 즉 성경을 지
식(IQ)으로만 가르치지 말고 정서와 의지(EQ)를 다 사용하여 가르
치라는 뜻이다.

둘째, 외형적인 자세에 대하여 살펴보자. 그들은 자녀를 강압적
으로 가르치는 것이 아니라 지혜로 가르친다. 『성경』 공부 시간에

아들을 무릎에 앉히고 껴안는 인자한 아버지의 모습은 전 세계 모든 정통파 유대인 아버지에게서 똑같이 볼 수 있다. 즉 시간과 공간을 초월하여 세대 차이가 없는 이유가 바로 이것이다. 그리고 이들은 처음부터 끝까지 거의 질문과 답변으로 이어간다.

좋은 질문은 좋은 답을 이끌어낸다. 이러한 귀납적 교육 방법(Inductive method)이 유대인을 어려서부터 천재로 만드는 데 크게 공헌한다.

질문에도 수준이 있다. 낮은 수준에서 높은 수준으로 6가지 수준이 있다. 지식을 묻는 단답형 질문이 가장 수준이 낮다. 머리를 많이 사용하지 않아도 되기 때문이다. 그러나 사물을 분석, 통합 및 평가해야 하는 질문은 머리를 많이 써야 하는 수준이 높은 질문이다.

유대인은 어려서부터 아버지에게서 이러한 토론 훈련을 수없이 받고 자란다. 교육의 내용도 『성경』, 즉 하나님의 지혜의 말씀이며, 교육 방법도 고도의 지혜의 방법이다. 이것이 유대인의 천재 교육의 비밀이다.

직장에서 한창 일하는 유대인 아버지에게 자녀로부터 전화가 걸려왔다. 전화를 대하는 우리나라와 이스라엘 아버지 모습은 크게 다르다.

한국 아버지 대부분은 상사나 동료의 눈치를 보며 전화를 받지 않거나 받아도 건성으로 받는다. 반면 유대인 아버지들은 정성을 다해 자녀와 통화한다. 유대인 직장 상사들은 직원들에게 이렇게 이야기한다.

"전화를 받으세요. 지금 이 순간 아버지가 필요하기 때문에 자녀가 전화한 것입니다. 자녀에게 아버지가 필요할 때 아버지 역할을 다하는 것이 중요합니다."

유대인 아버지들은 아이들이 회사로 전화해 아빠를 찾을 때면 하던 일을 제쳐놓고 집으로 달려간다. 그들은 "아이들에게 아버지가 필요할 때 옆에 있어야 한다"는 신념을 갖고 있으며 "자녀 옆에 있어주는 것, 최대한 많은 시간을 같이 보내는 것이 아버지의 할 일"이라고 생각한다.

얼핏 보면 유대인 남자들은 피곤하고, 기가 죽어 보일 수 있다. 유대인 여성을 보면 이해가 된다. 유대인 여성, 특히 이스라엘 여성은 2년간 군 복무를 해 성격이 거친 편이다. 여성의 90% 이상이 사회활동을 하고 있다.

그 때문에 남편과 부인이 집안일을 분담한다. 남성들은 퇴근 후

거의 모든 시간을 가족과 함께해야 하는 것이 불문율로 되어 있다. 집안 청소를 하고 밀린 빨래도 해야 한다. 부인이 늦게 들어오면 음식까지 준비해야 한다. 부인으로부터 고맙다는 말을 듣는 것도 아니다.

그럼에도 이스라엘에서는 '아버지의 권위'가 살아 있다. 거실의 소파나 식탁 의자에 '아버지의 자리'가 있다. 그 자리에 대한 권위는 엄격해 아버지가 출장으로 몇 달간 자리를 비워도, 심지어는 아버지가 죽은 후에도 그 자리는 아버지의 상징으로 남아 있는 경우가 많다.

이스라엘 남성들에게는 또 하나의 권위가 주어진다. 가족회의에서의 최종 결정권이다. 이스라엘에서 아버지의 권위는 아버지 스스로 만든 것이 아니다. 어머니가 만들어준 것이다. 유대인 아버지는 적어도 하루 한 번은 부인과 자녀들에게 '아니 오헤브 오타'(히브리어로 '나는 너를 사랑한다'는 뜻)라는 말을 하고 있다.

내 아이 어떻게
가르칠 것인가 1

현대인에게는 세 가지 과오가 있다.
모르면서 배우지 않는 것, 알면서 가르치지 않는 것,
할 수 있는데 하지 않는 것.

- 영국 명언

『탈무드』에 이런 말이 있다.

"형제의 개성을 비교하면 모두 살리지만 형제의 머리를 비교하면 모두 죽인다."

"물고기를 주어라, 한 끼를 먹을 것이다. 물고기 잡는 법을 가르쳐주어라, 평생을 먹을 것이다."

"남보다 뛰어나려 하지 말고 남과 다르게 되라."

『탈무드』식 자녀 교육을 표현할 때 가장 많이 인용하는 표현이다. 유대인 부모들의 관심사는 아이의 지능이 아니라 개성이다.

우리의 교육은 그때그때 필요한 물고기만 던져주고 성적 좋은 헛똑똑이만 키워낼 뿐이다. 이제는 물고기 낚는 법을 가르치는 『탈무드』식 자녀 교육에 주목해야 한다. 잠깐은 느리고 서툰 것 같더라도, 그것이 자녀를 아인슈타인이나 래리 페이지처럼 글로벌 인재로 키우는 유일한 방법이다.

교육의 기본으로 돌아가야 할 때다. 이런 점에서 한국인과 세계 1, 2위를 다투는 높은 교육열을 보이면서도 성취도에서 현격한 차이를 내는 유대 부모들의 교육법은 좋은 비교가 된다.

아인슈타인, 프로이트, 마르크스, 피카소, 로스차일드, 퓰리처, 록펠러, 조지 소로스, 앨런 그린스펀, 래리 킹, 채플린, 스티븐 스필버그, 세르게이 브린 & 래리 페이지(구글), 하워드 슐츠(스타벅스), 앤드루 그로브(인텔), 밀튼 허쉬(허쉬 초콜릿), 윌리엄 로젠버그(던킨 도너츠), 어바인 라빈스(배스킨라빈스), 그리고 뉴욕 월 스트리트부터 최첨단 IT 왕국 실리콘밸리까지 주요 금융, 언론, 문화예술계 등은 유대인들이 장악했다고 표현할 수 있을 정도로 과거부터 현재까지 꾸준히 성공 신화를 쏟아내고 있다.

왜 똑같은 교육열을 가지고 한국은 일찍 한계를 드러내는 반면 유대인들은 갈수록 더 발전하는가. 한 조사에 따르면《포춘》지 선정 500대 기업의 중간 간부들 중 한국인 비율은 0.3%였다. 반면 유대인은 41.5%였다.

◆　◆　◆

사람은 누구나 타고난 재능이 있다. 그 개성과 재능을 발견하고 그것이 잘 성장하도록 돕는 것이 진정한 부모의 역할이다.

교육의 중요성은 누구나 공감한다. 특히 우리나라의 교육에 대한 관심도는 세계 최고를 다툰다. 그러나 우리나라의 대학은 전 세계 최상위권 대학 순위에 들지 못하는 현실이다.

세계에서 인재를 가장 많이 배출하는 민족은 유대인이다. 그들의 교육 방법에서 일반적으로 알려진 특수성을 알아보고, 유대인 교육에 관한 조언들을 살펴보자.

유대인은 전 세계 인구의 0.4%인 1400만 명에 불과하다. 하지만 아인슈타인, 프로이트, 번스타인, 헨리 키신저 등 이름만 들어도 아는 그들이 바로 유대인이라는 공통점을 가지고 있다. 또 어려서부터 전통적인 유대인 자녀 교육을 받았다는 점에서도 공통된다. 유대인의 자녀 교육은 우리가 생각하는 교육 방법과는 다르다.

그들은 자녀 한 명이 태어나 자라면, 첫마디로 "너는 특별하단다"라는 말을 한다. 이렇게 남보다 뛰어나게 가르치려는 교육법이 아닌 '남과 다르게' 교육하는 것이 바로 유대인 자녀 교육이다.

이러한 교육적 효과는 유대인들 스스로에게 남과 다른 '창의성'을 가져다준다. 아인슈타인은 "나는 천재가 아니다. 단지 남이 생각하지 못한 것을 생각하는 능력이 있다."라고 말했다.

또 다른 유대인 자녀 교육의 특징은 바로 '배움'이다. 유대인은 어느 민족보다도 교육열이 강한 민족이며, 세 살 때부터 가르치기 시작한다. 유대인들은 문맹률이 제로라는 말이 나올 정도로 어려서부터 철저하게 교육을 받으며 성장한다. 미국 유명 대학교의 교수들 중에 유대인들이 많은 것도 어려서부터 받은 '유대인 교육'을 통해서 이루어진 성과라고 볼 수 있다.

유대인의 가정에서 일어난 일화를 예로 들어보자.

한 아이가 어머니에게 질문을 했다.

"어머니, 저는 이 일을 하고 싶습니다."

이 말을 들은 어머니의 대답은 "그래, 좋은 생각이구나. 그러나 이 문제를 아버지에게 물어보렴." 하며 아버지에게 다시 묻게 한다. 아버지의 대답은 "아주 좋은 생각이구나. 그러면, 이 문제를 하나님께서는 어떻게 하기를 원하시겠니?" 하며 다시 아이에게 질문한다.

어떻게 보면 이 이야기는 당연한 것처럼 보인다. 그러나 유대인들에게 이런 대화는 매우 중요한 가정교육의 모습이다. 바로 부모 중심적인 유대인 교육 방법이기 때문이다. 한국 교육의 중심은 학교이지만 유대인들의 교육의 중심은 '가정'이다.

유대인 자녀에게 가장 좋은 교육자는 부모다. 부모는 자녀가 태어나면 교육을 시켜야 할 의무가 있다고 철저하게 교육받는다.

부모를 통해서 아이는 신앙과 세상에 대해 배우고, 부모는 자녀를 교육시키는 시간에는 타인의 가정 방문을 받지 않는다.

헨리 키신저는 어려서 부모에게 받은 책상과 물려받은 책에 대해 "내가 받은 가장 귀한 부모의 선물"이라고 말했다. 아인슈타인은 자신의 창의력은 어릴 때 어머니가 매일 "우주의 넓이는 얼마나 될까?" 등의 다양한 문제로 생각할 거리를 줬기 때문이라고 했다.

유대인 부모는 '자녀의 공부 습관은 나를 통해서 배운다'는 것을 알고 자녀와 함께 공부한다. 또 질문을 받아주고, 공부하도록 도와주는 선생으로서 자녀를 교육한다.

유대인들은 자기 주도적 학습 습관을 길러주기 위해 학교에서 무엇을 질문하고 왔는지 호기심으로 공부할 수 있도록 유도한다.

가정교육은 아버지에게 주어진 가장 중요한 역할이다. 유대인의 경우 일주일에 한 번 이상 아버지와 자녀가 함께 『탈무드』를 읽는다. 한 주간을 점검하면서 자녀와의 관계도 끊임없이 소통으로 이어가야 하기 때문에 부모 스스로 좋은 부모가 될 수 있도록 노력한다.

그들은 어떤 방법으로 아이들을 가르칠까?

'하브루타'로 불리는 질문토론식 교육법은 노벨상과 아이비리그
30% 등 세계적으로 유능한 인재를 다수 배출하고 있는, 유대인들
이 수천 년 전부터 전통적으로 고수해 온 교육 방법이다.

『탈무드』논쟁에서 유래한 하브루타는 둘씩 짝지어 질문하고 대
화, 토론, 논쟁하는 교육이다. 둘씩 토론할 때 가장 말을 많이 할 수
있다. 한 사람이 물으면 다른 사람은 대답하고 때로는 궁금하거나
주장에 허점이 있을 경우 지적해 주기도 한다.

하브루타 교육은 전적으로 입을 통한 교육이다. 유대인 전통 학
교인 예시바에서는 수많은 학생들이 둘씩 짝지어 대화와 토론, 논
쟁을 통해 열심히 공부하는 모습을 자주 볼 수 있다. 물론 교사가
진행하는 수업도 있지만 대부분의 공부는 하브루타 친구와의 대
화를 통해 이뤄진다.

우리의 교육은 한마디로 '듣고 외우고 시험 보고 잊어버리는' 교
육이고, 학생들이 학교에서 가장 많이 듣는 말이 "조용히 공부해,
시끄러워, 입 다물어"이다.

교사의 일방통행식 교육이 일반적인 학교 교육에서도 하브루타
교육은 꼭 필요하다. 친구와 치열하게 토론하고 논쟁하다 보면 소

통과 논리적 사고, 실력, 더 나아가 우정까지도 덤으로 얻는 효과를 얻을 수 있다.

집에서도 부모와 자녀들 간에 정기적으로 모여 하브루타 토론을 즐길 수 있다. 유대인의 경우 정기적인 안식일이 있기 때문에 종교적 규율에 따라 온 가족이 다 함께 모여 식사하고 하브루타 토론을 즐긴다.

유대인들은 유대인이 안식일을 지킨 게 아니라 안식일이 유대인을 지켰다고 말할 정도다. 그들은 종교적 규율 덕분에 가정의 행복과 자녀들의 성공을 모두 얻게 되었는지도 모른다.

하브루타는 학교 교육과 가정교육 모두에서 큰 효과를 발휘할 수 있다. 특히 가족들이 함께 밥 먹는 시간조차 부족한 가정에서 가족 간의 연대감과 사랑을 회복하기 위해서는 가족들이 임의로 규칙을 정해서 하루나 이틀은 다 같이 모여 식사하는 하브루타 시간을 따로 마련하면 된다.

한국의 가정에서는 서로 바쁘다는 핑계로 가족들조차 얼굴 보기도 힘든 실정이지만 소중한 가족을 위해 만사 제쳐두고라도 일주일에 최소한 한두 번은 반드시 식사를 겸한 하브루타 토론을 즐기면서 가족 간의 소통에 힘써야 한다.

유대인들의 삶과 역사를 들여다보면 정신이 육체와 삶을 지배한다는 것을 잘 보여준다. 그들은 약 4,000년의 역사 중 2,000년 이상을 나라 없이 세계 각지에 흩어져 살면서 온갖 설움과 학대를 받았다.

그런 어려움 속에서도 위대한 인물들을 가장 많이 배출한 민족이기도 하다. 경제·의학·물리학·화학·문학 등에 걸친 노벨상 수상자들, 미국의 명문대 교수진, 그들의 30% 정도가 유대인이거나 유대계 학자들이다. 또 미국 최상위 가정의 42% 정도도 유대계라니 놀랍지 않은가.

그토록 탁월한 능력을 발휘한 정신은 어디에서 나오는 것일까? 사람들은 『성경』과 『탈무드』를 통한 정신교육에서 그 연유를 찾는다. 『탈무드』의 기본 정신은 정의와 평화, 진실의 추구다. 어릴 때부터 삶의 철학을 갖도록 인도해 주는 지혜서(智慧書)로서 그들의 삶을 이끌어왔다고 해도 과언이 아니다.

오랜 세월 갖은 역경과 박해 속에서 살아야 했으므로 그 고난을 이겨낼 지혜와 철학이 필요했으리라. 그런 절실함에서 탄생했으니 그들의 『성경』과 비견할 삶의 지침서로 자리매김하게 된 것이다.

유대인 한 명당 한 권씩 가지고 있다는 『탈무드』. 태어나서 죽을 때까지 평생 읽어도 항상 새로움을 더해주는 책이라니 참으로 부러운 정신 유산이 아닌가.

그렇다면 우리의 교육현실은 어떠한가. 충(忠)과 효(孝)를 중시

하던 전통 교육 사상은 온데간데없고, 학교 교육은 입시와 취직이라는 수단의 갓길로 비켜서 버렸다. 가정교육은 학교 교육을 좇기에 급급하다. 이 모두가 정도의 일탈이다. 그러니 인간 존중의 가치나 정신을 함양할 교양이나 철학은 찬밥 신세다.

교양교육은 실용교육 못지않게 중요하다. 미학적인 삶을 선택하는 사람이 많을수록, 교양 있는 사람들이 늘어날수록, 이성과 감성이 조화로운 사회가 될수록 사회는 아름답고 넉넉해진다.

시를 읊는 목소리가 들리는 교실, 다양한 화음이 울려 퍼지는 교정, 교정의 풍경이 캔버스에 옮겨지는 역동적인 학교, 그런 교육이 절실하다. 단순하게 접근해야 가치 있는 성과가 기대된다.

교육도 아이들의 심성 코드에 맞아야 즐겁게 배우고 익히며 바르게 성장할 수 있다. 심성이 바른 인간다운 인간이 될 때, 그가 가진 지식이나 능력도 자신과 사회에 긍정적인 기여를 할 수 있는 것이다.

개개인의 철학이나 가치관은 행동을 지배하고, 행동은 삶을 결정하게 된다. 다시 말해 1등은 의미가 없다. 무엇을 배워 어떻게 생활에 적용해서 얼마만큼 만족했느냐가 성공한 교육, 행복한 교육을 판명하는 것이다. 결과보다 과정이 행복한 교육, 그것이 희망을 주는 교육이다.

꾸짖는 것도
사랑하는 마음에서
나온다는 걸 깨닫게 하라

체벌은 체벌 희생자의 타고난 자존감을 최대한 망가뜨린다.
- 버나드 쇼

유대인 속담에 이런 말이 있다.

"오른손으로 벌을 주면, 왼손으로 안아줘라."

정직한 가정교육에 있어 부모가 아이들에게 벌을 주는 것은 올바른 성장을 위해 꼭 필요하다. 『구약성경』에 아이는 "마땅히 가야 할 길을 따라서 가르쳐라"라는 대목이 있다. 아이들이 '마땅히 가야 할 길'로 바르게 가기 위해서는 때로는 체벌이 필요하다. 그러나 벌을 줄 때에는 감정이 앞서서는 안 된다. 벌을 주는 한편으로, 반드시 애정의 표현을 해주어야 한다.

다시 말해 한 손으로 벌을 주면 한 손으로는 따뜻하게 감싸 안아야 한다. 무조건 체벌로 끝나버리면 부모는 권위에 의해서 아이들을 지배하게 되고 아이들은 주눅이 들어 아이 고유의 개성을 상실하게 된다.

아이들은 상처를 멀리서 받지 않는다. 가장 가까운 사랑하는 사람에게서 상처를 받는다. 자녀에게 가장 가까운 사람은 부모이다. 그래서 부모로 인한 상처로 한평생을 고생하고 그 상처를 대물림하는 경우는 너무도 흔한 일이다.

상처는 드러내면 낫는다. 감추면 곪아 터진다. 자녀의 상처든, 부모의 상처든 그것을 제대로 인식하고, 있는 그대로 인정하고, 내 것인 양 보듬어야 상처는 사라지고, 오히려 강력한 삶의 동기로 작용한다.

유대인 부모들은 좀체 아이들에게 매를 들지 않는다. 대신 벌을 주고자 할 때 즐기던 놀이나 텔레비전 시청을 차단한다. 그리고 아이에게 일절 말을 걸지 않는다. 격리와 침묵 속에서 스스로 잘못을 찾으라는 요구이다.

그러나 훈계 후에는 반드시 아이를 껴안아준다. 꾸짖는 것도 사랑하는 마음의 노력이라는 걸 깨닫게 하는 것이다.

벌로 인한 두려움이나 슬픔 따위가 다음 날까지 연장되지 않도록 아이들이 잠자리에 들기 전에 마음으로 따뜻한 애정을 보여주기 때문에 나쁜 감정이 아이 마음속에 오래 머물지 않는다. 아이들의 마음은 스펀지와도 흡사하므로 벌을 준 뒤에 그대로 방치해 두면 나쁜 감정을 모조리 빨아들이기 때문이다.

잠시라도 아픈 마음을 토닥여주면 스펀지에서 물이 밀려나오는 것처럼 그들의 마음에서 여러 가지 불쾌한 감정이 밖으로 나오게 된다. 공포나 혐오, 미움 같은 부정적인 감정이 잠 속까지 들어와서 밤의 세계를 지배하지 않게 되어 무서운 꿈을 꾸지 않고 편안히 잘 수가 있다.

그러나 체벌로 상처받은 마음을 풀어주지 않으면 섭섭한 감정이 꿈속에까지 스며들게 되어 다음 날도 우울한 날이 되기 쉽다. 벌을 준 부모와의 관계도 서먹하게 된다. 따라서 벌을 주고 나서 부모는 최소한의 부정적인 것만은 제거해 주어야 한다.

잠자리에 들었을 때 어머니가 곁에서 따뜻하게 보살펴주는 것만큼 아이들의 마음을 가라앉혀 주는 일도 없다. 아이들은 평화로운 기분으로 하루의 긴장을 완전히 풀고 잠들게 되며, 이튿날이 되면 다시 새로운 기분으로 하루를 시작할 수 있게 된다.

내 아이 어떻게
가르칠 것인가 2

인생은 목표를 이루는 과정이 아니라 그 자체가 소중한 여행일지니,
서투른 자녀 교육보다 과정 자체를 소중하게 생각할 수 있는
훈육을 하는 것이 더욱 중요하다.

– 키르케고르 –

유대인 부모들이 자식을 가르칠 때 늘 하는 말이 있다.

"싫으면 하지 말되, 하려면 최선을 다하라."

유대인들은 자식의 장래에 대해서 대단한 환상을 갖지 않는다.
다시 말해, 아이들에게 커서 "훌륭한 판사, 의사가 되라"는 식으로
교육을 시키지 않는다. 물론 공부의 중요성과 필요성을 강조하지
만 공부하는 것이 '무엇이 되기 위해서'가 아니다. 학문 자체를 목
적으로 생각한다.

아이들의 미래에 대한 선택은 아이들 자신의 행복과 직결되는
것이기에 아이들의 생각을 존중해 준다. 그래서 우리나라처럼 무

조건적으로 남이 하니까 따라 하는 피아노, 미술과 같은 레슨을 강요하지 않는다. 그저 피아노든 바이올린이든 아이들 스스로가 배우고 싶어 하면 배울 수 있도록 뒷받침해 줄 뿐이다.

아이들이 만일 뭔가 스스로 선택하여 하고 싶다고 하면 그것을 위해서 후회 없는 노력을 하도록 충고를 아끼지 않는다. 이것은 아이들의 의지와는 상관없이 부모가 멋대로 결정해서 억지로 배우게 하는 따위와는 완전히 상치되는 방식이다.

영화 〈웨스트사이드 스토리〉의 음악 작곡으로 유명한 유대인 음악가인 레너드 번스타인의 아버지는 아들이 피아노를 배우고 싶다고 간절히 원하자 주변 교사에게 1시간에 1달러를 내고 레슨을 가르쳤다고 한다. 레너드는 몸도 약하고 자주 아팠지만 피아노를 배우겠다는 의지가 강해 자신의 용논을 아껴 레슨비를 냈다고 한다.

앨버트 아인슈타인은 네 살이 되도록 말도 제대로 못해 저능아라는 소리를 들을 정도로 부진아였다. 학교에도 제대로 적응하지 못했다. 그래서 성적표에는 이렇게 적혀 있었다.

'이 학생은 지적 능력이 낮아 앞으로 어떤 공부를 해도 성공할 가능성이 없음.'

그러나 이런 성적표를 받고도 아인슈타인의 어머니는 얼굴을 찡그리지 않았다. 그 대신 "걱정할 것 없다. 남과 같아지려면 결코 남보다 나아질 수 없는 법이다. 그러나 너는 남과 다르기 때문에 반드시 훌륭한 사람이 될 것이다."라고 격려했다. 이런 어머니의 격려가 아인슈타인을 천재로 만들었다.

또 아인슈타인이 일곱 살 때부터 바이올린을 배우기 시작했으나 싫증을 느끼게 되어 1년 만에 그만두었다가, 2~3년 지난 어느 날 스스로 모차르트의 곡을 연주하고 싶다는 생각을 하게 되어, 다시금 레슨을 시작했다는 일화도 있다. 앨버트 아인슈타인이 바이올린을 사랑했다는 것은 널리 알려져 있는 사실이다.

이렇게 유대인 부모들은 자녀들의 의사를 존중해 주며 강요가 아닌 아이들이 스스로 흥미를 느끼게끔 유도한다. 그래야만 아이들이 공부에서도 스스로의 능력을 적극적으로 나타내 보이려고 노력하기 때문이다.

물론 부모의 희망에 따라 공부를 한 유대인도 있다. 정신 의학자 프로이트이다.

그는 17세 때 빈 오스트리아 대학에 진학하여 아버지의 희망에 따라 의학공부를 했다. 그러나 의사가 되기를 거부한 채 13년 동안이나 연구실에 틀어박혀 보다 과학적인 의학 연구에 몰두했다. 그 결과 그의 정신분석 학설은 오랜 연구 결과 얻은 자연과학을 그 기초로 했기 때문에, 그때까지의 심리학 수준을 훨씬 능가한 것이 되었다.

아이들의 장래에 지나치게 큰 기대를 품거나, 환상으로 인하여 그들이 나아가는 길에 부모의 희망사항이 방해물이 되어선 안 된다. 아무리 아이를 사랑한다 해도 부모는 아이의 인생을 대신 살아 줄 수 없다. 그들 스스로 자신의 길을 찾아내어 제 나름의 능력껏 나아가도록 밀어주어야 한다. 그것만이 어떤 직업을 선택하든 즐겁게 할 수 있는 최고의 선택이 되기 때문이다.

왜 일을
해야 하는가

세상에 천한 직업은 없으며, 다만 천한 사람이 있을 뿐이다.
- 링컨

사람은 왜 일을 해야만 하는가? 속된 말로 '먹고살기 위해' 일하는 것일까?

『탈무드』에는 "만약 인간에게 악의 충동이 없다면 집도 짓지 않고 아내도 얻지 않을 것이며 아이들도 낳지 않을 것이고 일도 하지 않을 것이다"라고 쓰여 있다.

노동의 가치에 대해 이야기한 사람들이 너무나 많다. 빌헬름 브르만은 "노동은 인생을 감미롭게 해주는 것이지 결코 힘겨운 짐이 아니다. 걱정거리가 있는 자만 노동을 싫어한다."고 했고, 막심 고리키도 "일이 재미있으면 인생은 낙원이다. 일이 의무라면 그 인생은 지옥이다."고 명확하게 노동에 대한 정의를 내렸다.

많은 사람이 롤 모델로 삼고 있는 빌 게이츠는 "인생이란 원래 공평하지 못하다. 그런 현실을 불평하지 말고 받아들여라. 세상은 당신이 어떻게 생각하든 상관하지 않는다. 세상이 당신한테 기대하는 것은, 당신 스스로 만족한다고 느끼기 전에 무엇인가를 성취해서 보여주는 것이다."라며 왜 일을 해야 하는지를 지적하고 있다.

『탈무드』에는 어떻게 살아야 제대로 사는 삶인가에 대한 해답을 일을 하라는 메시지로 답하고 있다.

"현재의 그릇인 몸을 열심히 사용하라. 내일이면 깨질지 모르니."

유대인이 남긴 『탈무드』에도 일에 대한 말들이 많다.

"우주는 다음 세 가지를 기초로 지탱되고 있다. 첫 번째는 『토라』, 두 번째는 노동, 그리고 세 번째는 친절을 베푸는 것이다."

'노동'에 해당하는 히브리어는 '아보다'이다. 이 단어에는 서로 상충하는 두 개념이 존재한다. '아보다'는 '노동'이면서 '예배'이다.

고대 히브리인들은 인간의 노동은 단순히 생계를 위해 하는 일을 넘어 신에게 예배하는 행위라고 생각했다. 자신이 일주일 동안 하는 일과 신을 경배하는 일은 분리할 수 없으며, 그것이 바로 신의 뜻이기도 하다고 여겼다.

건강한 몸으로 일을 할 수 있다는 건 어쩌면 축복이다. 일을 한다는 건 곧 행복이다. 다만 가진 것에 만족하고 하는 일에 감사하며 정성을 다할 때 행복을 느끼게 된다. 햄버거 가게에서 일을 하든 거리에서 청소를 하든 노동은 신성하다. 어떤 일을 하든 부끄럽게 생각하지 말아야 한다.

 일을 하는 데 있어 불행을 부르는 첫 번째 이유는 '내 탓'이 아니라 '남 탓' 하는 거다. "부모를 잘못 만나서, 돈이 없어서" 지금의 내 모양이 이렇다는 식의 불평은 곧 자신을 망치는 지름길이다.
 학교는 승자나 패자를 뚜렷이 가리지 않을지 모른다. 그러나 사회는 다르다. 일한 만큼, 노력한 만큼만 기대하고 만족해야 한다. 나 스스로 내가 선택한 일에 만족하며 그 안에서 원하는 것을 찾아야 한다. 내가 원하는 것을 남이 찾아주지 않는다. 무슨 일을 하든 자신과 싸우는 것이 가장 힘겨운 싸움이고, 자기 자신을 이기는 것이 가장 훌륭한 승리다.
 40세가 넘으면 자기 얼굴에 책임을 져야 한다는 게 링컨의 충고다. 링컨의 말처럼 젊었을 때 열심히 일해야 중년이 편안해진다. 좋아하는 일을 하며 원하는 만큼의 돈을 버는 사람은 지극히 드물다. 대부분 원하는 일이 아닌 일을 하며 많지 않은 보수를 받으며 성실하게 살아간다.
 지금 하는 일, 지금 곁에 있는 사람, 지금 머무는 곳을 소중하게 생각하며 최선을 다해 살아갈 때 만족을 느끼게 된다.

일에 대한 행복도 대단하지 않다. 나를 필요로 하고 내가 할 일이 있다는 것 자체가 행복이다.

향료

어느 토요일 오후, 로마 황제가 랍비를 방문했다. 랍비는 갑작스
레 찾아온 황제에게 음식을 대접했다.

"음식이 아주 맛있소."

맛깔스러운 음식을 먹으며 칭찬하는 황제를 보고 랍비와 하인들
은 기뻐했다.

황제와 랍비는 마주 앉아서 나라와 백성에 관한 여러 의견을 나
누며 즐거운 시간을 보냈다.

어느덧 날이 저물자 황제는 자리에서 일어났다.

"하하하! 정말 유쾌한 시간이었소. 오늘은 이만 가리다."

"즐거우셨다니 저도 기쁩니다."

황제는 다음 수요일에 다시 찾아오겠다 말하고 돌아갔다.

랍비와 하인들은 황제에게 더 맛있는 요리를 대접하려고 재료를 모으기 시작했다.

며칠이 지나 수요일이 왔다.

랍비 집에 온 황제는 잔뜩 기대한 얼굴로 하인들이 가져온 음식을 맛보았다.

그런데 황제는 고개를 갸웃거리며 이렇게 말했다.

"지난 토요일에 먹은 음식과 맛이 다르군. 그때는 어떤 향료를 넣었소? 그 향료가 없으니 맛이 이상하군그래."

"폐하께서는 구하지 못하십니다."

"무슨 말이오? 나는 로마 황제요. 내가 구하지 못할 물건은 세상에 없소!"

"로마 황제도 그 향료는 구할 수 없습니다. 지난번 음식에 넣은 향료는 우리 유대인이 지키는 안식일이라는 향료였기 때문입니다."

랍비의 대답에 로마 황제는 더 이상 큰소리치지 못했다.

유대인들은 토요일을 '안식일'이라고 부른다.

토요일에는 그 어떤 일도 하지 않고 쉬면서 평온한 마음으로 기도를 한다.

그런 날 찾아가서 함께 요리를 먹고 이야기를 나누었으니 그 어떤 음식보다 맛이 좋고 당연히 즐거움도 컸을 것이다.

선행은 내가 먼저 주는 것이지만
누군가에게 받게 되는 선물이고
축복이고 행복이다

거저 주기에는 무척이나 힘든 일 중 하나가 친절이다.
하지만 친절은 보통 당신에게 다시 되돌아온다.

− 작자 미상

유대인 가정에서는 안식일 하루 전인 금요일 저녁에는 반드시
어머니가 촛불을 켠다. 그리고 아버지는 아이들 머리에 손을 얹고
축복기도를 올린다.

그런 다음 '유대 민족 기금'이라고 쓴 상자를 준비한다.

이때 아이들은 가지고 있던 동전을 그 상자에 넣는다. 이를 통해
유대인들은 어릴 때부터 자선 행위를 배운다.

또 금요일 오후, 가난한 사람들은 도움을 받으려고 가정집을 방
문한다.

그러면 그 집 부모는 반드시 아이들에게 상자에 든 돈을 꺼내 주

게 한다. 이 역시 아이들에게 선행을 가르치려는 목적이다.

이런 교육을 바탕으로 자란 유대인들은 지금도 세계에서 선행에 가장 돈을 많이 쓰는 민족으로서 인정받고 있다. 작은 동전 하나로 선행 습관을 익히며 인간다움을 쌓는 유대인처럼 살기는 쉽지 않다.

선행도 익숙한 습관이다. 인간은 저마다 일정한 성질을 가지고 있다. 선한 자, 악한 자, 영리한 자, 어리석은 자, 주려는 자, 빼앗으려는 자가 있다.

누구나 처음에는 착하게 살아간다. 살면서 주변 환경에 따라 달라지는 것이다.

넉넉하고 좋은 환경에서 베풀며 자란 아이는 어른이 되어서도 베풀며 살게 된다. 반대로 열악한 환경에서 다툼과 결핍을 경험하며 성장한 아이는 어른이 되어서도 집착이 강하고 자기의 것을 뺏기지 않으려고 애를 쓰게 된다.

보고 듣고 느낀 그만큼의 것들을 가지게 된다.

나쁜 점보다 좋은 점이 많다면, 어리석기보다 영리한 경우가 더 많다면, 냉정하기보다는 정력적인 경우가 많다면 모두 환경과 주변 사람들의 영향을 크게 받아서이다.

어떤 밭에 어떤 싹을 뿌리느냐에 따라 선행을 하며 사는 사람이 되기도 하고 악의 구렁텅이에 빠져 사는 사람이 되기도 한다.

물은 어느 강에서든, 어디를 흘러도 역시 같은 물이지만, 흐르지 못하고 고인 물은 썩는다.

선행도 마찬가지다. 나보다 더 힘든 일을 겪는 사람을 보면 지나치지 말고 내가 가진 것을 내어주어야 한다.

선행이 반드시 돈을 기부하는 것만을 의미하지는 않는다. 그림이나 글로 선행을 베풀 수도 있고, 무거운 짐을 들어주는 작은 일도 있다. 내가 할 수 있는 작은 것부터 실천하면 된다. 줄 수 있다는 것은 나에게 기쁨과 작은 만족을 안겨준다.

매일같이 소소한 선행이라도 실천한다면 매일 나에게 작은 기쁨이 찾아오지 않겠는가?

선행은 성격도 바뀌게 만드는 힘이 있다.

사람은 누구에게나 마음속에는 '베풀어야지, 뺏어야지' 하는 온갖 성질의 싹을 가지고 있다. 잘 선별해서 나쁜 싹은 나무로 자라 나쁜 열매를 맺기 전에 잘라야 하고 좋은 싹, 좋은 열매를 맺도록 정성껏 키워야 한다.

비록 부모에게 나쁜 유전자를 받고 태어났더라도 최선의 노력으로 정성을 다한다면 운명은 바뀌게 된다.

운명은 현실에 안주하는 사람을 좋아하지 않는다. 끊임없이 배우고 실천하며 나누고 또 나누어야 나중에 내가 힘들 때 부메랑이 되어 힘이 되어준다.

선행하는 사람은 정해져 있지 않다. 선행은 돈의 많고 적음을 떠나 꿈꾸고 실천하는 자 누구나 행할 수 있다. 행동의 시계를 생각만 하는 '수동모드'로 맞추지 말고 당당히 실천하는 '능동모드'로 바꾸면 된다.

선행은 또 다른 선행을 부르므로 주게 되면 다른 무엇으로 내게 돌아온다. 선행은 내가 먼저 베푸는 것이지만 언젠가는 누군가에게 받게 되는 선물이고 축복이고 행복이다.

벌거숭이
임금님

어떤 마을에 몹시 착한 부자가 있었다.

그는 자신을 섬기던 노예를 풀어주기로 결심하고 물건들을 배에 실어 주면서 노예에게 말했다.

"이제부터 넌 자유다. 네가 가고 싶은 곳으로 가서 이 물건들을 팔아 행복하게 살도록 해라."

"고맙습니다, 주인님. 꼭 그렇게 살겠습니다."

노예는 배가 멀어져, 주인이 안 보일 때까지 고개를 숙이며 인사했다.

하지만 머지않아 바다에 큰 폭풍이 몰아치는 바람에 노예가 탄

배는 침몰하고 말았다. 주인이 준 물건들은 모두 바다에 빠져버렸고, 입고 있던 옷마저 파도에 휩쓸려 버렸다.

목숨만 겨우 구한 노예는 가까운 섬으로 헤엄쳐 갔다.

"이럴 수가. 물건을 모두 잃고 말았구나."

노예는 큰 슬픔에 잠겼지만 가만히 있을 수만은 없었다.

벌거벗은 몸으로 섬에 들어가자 그곳에는 큰 마을이 있었다. 마을 사람들은 노예를 보자마자 모두 달려 나와 그에게 소리쳤다.

"이곳을 다스리는 왕이 되어주십시오!"

노예는 엉겁결에 그들이 데려간 화려한 궁전에서 살게 되었다. 하지만 도대체 어떻게 된 일인지 궁금해서 사람을 불러 물었다.

"나는 가진 것도 없고 심지어 벌거벗은 몸으로 이곳에 왔소. 그런데 나를 왜 왕으로 받들어 주지요?"

"우리는 살아 있는 사람이 아니라 영혼입니다. 그래서 해마다 이 섬에 온 사람이 왕이 되어주기를 기다리고 있지요. 하지만 이 점은 꼭 알아두십시오. 왕께서는 1년이 지나면 이곳에서 추방당해 아무런 생명도 없는 황량한 곳으로 혼자 가야만 합니다."

이야기를 들은 그는 오히려 고마워하며 말했다.

"알겠소. 그럼 1년 뒤를 대비해서 여러 가지 준비를 해야겠구려."

왕이 된 그는 사막이나 다름없는 죽음의 섬으로 가서 꽃과 나무를 심고 돌아왔다.

1년이 되자, 그는 다시 벌거벗은 몸으로 쫓겨나 죽음의 섬으로 향했다.

그러나 황량하기만 했던 그 섬은 아름다운 꽃들이 피어 있었고, 나무에는 열매가 주렁주렁 열려 있었다. 그곳은 죽음이 아니라 생명이 가득한 곳으로 바뀌어 있었다.

게다가 영혼들에게 추방당한 사람들이 그 섬에 살고 있다가 그를 맞아주었다.

"어서 오시오. 환영하오."

그는 더 이상 노예도, 왕도 아니었지만 사람들과 행복한 나날을 보낼 수 있었다.

◆　◆　◆

이 내용에서 착한 부자는 신을, 노예는 영혼이며, 섬은 지금 우리가 사는 세상이고, 1년 뒤에 간 섬은 사후 세계를 가리킨다.

섬에 있는 꽃과 과일들은 사람이 선행을 베푼 결과물이다.

사람은 태어날 때나 죽을 때 가진 것 없는 벌거숭이지만 좋은 일을 많이 하면 죽은 뒤, 천국에 갈 수 있다. 선행과 희망으로 살아가는 사람에게 훗날 좋은 보답이 찾아간다는 의미가 된다.

빛을 내뿜는
별이 되려면
선행하라

당신이 오늘 베푼 선행은 내일이면 사람들에게 잊혀질 것이다.
그래도 선행을 베풀어라.

– 마더 테레사

옛날에 한 왕이 사신을 보내어 한 남자에게 궁으로 오라고 했다.

그 남자는 왕이 부르는 이유를 알지 못해 겁이 났다. 나라에서 가장 높은 사람을 만난다는 생각에 그는 걱정하기 시작했다.

'혹시 벌을 받을 만큼 내가 무엇을 잘못했나?'

결국 겁이 난 그는 친구와 함께 가기로 마음먹었다. 그에게는 친구 셋이 있었는데 먼저 첫 번째 친구를 찾아갔다.

첫 번째 친구는 서로를 소중하게 여기는 진짜 친구라고 생각하고 있었다.

그가 첫 번째 친구에게 함께 가주겠냐고 요청하자 친구는 이유도 말하지 않고 "나는 싫네"라며 거절했다.

실망한 그는 두 번째 친구를 찾아갔다. 친하게 지냈지만 첫 번째 친구만큼 가깝지는 않은 친구였다.

두 번째 친구는 말했다. "왕궁 문 앞까지는 함께 가줄 수 있네. 하지만 그 이상은 어렵겠군."

결국 그는 세 번째 친구를 찾아갔다. 친구로 여기고 있지만 별로 관심을 가지지 않았던 친구였다.

그러나 놀랍게도 세 번째 친구는 다정한 얼굴로 말했다.

"좋아. 함께 가세. 자네는 아무 잘못도 하지 않았으니 무서워 말게나. 내가 직접 왕에게 말씀드리겠네. 자네가 얼마나 좋은 사람인지 말이야."

이 내용은 『탈무드』에 나오는 〈세 친구〉의 예화이다.

어찌하여 그들은 제각기 다르게 말했을까?

왕이 한 호출은 사람이 죽어서 신에게 부름받는다는 뜻이다.

깊이 고민해 보면 여기에서 첫 번째 친구는 '재산'을 뜻하며 죽고 나면 가져갈 수 없다.

두 번째 친구는 '가족과 친구들'이다. 그들은 장례식과 묘지까지는 같이 가지만 그 이상은 함께하지 못한다.

세 번째 친구는 선행이다. 살아 있을 때의 선행은 잘 드러나지 않지만 죽은 뒤에 더 빛을 발하는 것이 선행이고 늘 그와 함께 있기 때문이다.

재물은 행복의 조건이 될 수 있지만 재물이 많다고 반드시 행복하다고 말할 수는 없다. 행복은 '느낌'이다. '재산'도 '가족'도 '친구'도 중요하지만 죽고 나면 함께할 수 없다.

그러나 선행을 하면 언젠가는 나에게 되돌아오게 되어 있고 그게 아니더라도 죽어서도 선행을 베푼 사람은 오래도록 잊히지 않고 기억된다.

영원하지 않은 '부'를 좇기보다는 '선행'을 많이 하여 죽은 뒤에도 반짝이며 선명한 빛을 내뿜는 별이 되는 것, 그것이 가장 가치 있는 인생이다.

굴뚝 청소

랍비가 제자에게 물었다.

"두 아이가 굴뚝 청소를 하고 나왔네. 한 아이 얼굴에는 시커먼 그을음이 묻어 있었고, 다른 아이의 얼굴은 깨끗했지. 그렇다면 두 아이 가운데 어떤 아이가 얼굴을 씻었겠는가?"

"물론 그을음이 묻은 아이입니다."

제자는 자신만만하게 대답했다. 하지만 랍비는 고개를 저었다.

"그렇지 않네. 얼굴이 깨끗한 아이는 그을음이 묻은 아이를 본 뒤, 자기도 지저분하다고 생각해 얼굴을 씻었네. 하지만 얼굴이 지저분한 아이는 깨끗한 아이 얼굴을 보고는 자기도 그런 줄 알고 씻지 않았지."

"그렇군요."

제자가 고개를 끄덕였다. 랍비는 다시 물었다.

"그럼 다시 묻겠네. 굴뚝 청소를 마치고 나온 두 아이 가운데 한 아이의 얼굴은 그을음으로 더러워져 있었고, 다른 아이의 얼굴은 아주 깨끗했지. 두 아이 가운데 누가 얼굴을 씻었겠는가?"

제자는 당연하다는 듯이 웃으며 대답했다.

"얼굴이 깨끗한 아이지요."

하지만 랍비는 또 고개를 저었다.

"이보게. 두 아이가 다 굴뚝 청소를 했는데, 어떻게 한 아이 얼굴은 더럽고 한 아이 얼굴은 깨끗할 수 있겠는가?"

제자는 부끄러워서 아무 말도 하지 못했다.

◆ ◆ ◆

생각의 차이를 말해주는 지혜다.

얼마나 깊게 생각하고 얼마나 다르게 세상을 바라보고 있는가?

조금만 다른 시각으로 세상을 바라보면 더 깊은 지혜를 찾을 수 있다.

배려하는
마음

자기에게 이로울 때만 남에게 친절하고 어질게 대하지 말라.
지혜로운 사람은 이해관계를 떠나 누구에게나 친절하고 어진 마음으로 대한다.
왜냐하면, 어진 마음 자체가 나에게 따스한 체온이 되기 때문이다.

– 파스칼

　한 나그네가 캄캄한 밤길을 걷고 있었다. 그때 나그네는 맞은편
에서 등불을 들고 걸어오는 사내를 보았다. 그런데 자세히 보니 무
언가 이상했다. 등불을 든 사내는 눈을 감은 채 지팡이로 바닥을
짚고 있었기 때문이다. 나그네는 사내에게 물었다.

　"당신은 앞을 볼 수 없군요. 그런데 왜 등불을 들고 다닙니까?"

　그러자 사내는 나그네에게 대답했다.

　"내가 이 등불을 들고 다녀야, 앞을 보지 못하는 이가 있음을 사
람들이 알 수 있기 때문입니다."

『탈무드』에 나오는 〈등불〉이라는 예화이다. 역지사지(易地思之, put yourself in others' shoes)라는 말이 있듯이 처지를 바꾸어 생각하면 배려하는 마음이 생긴다. 어떤 상황에서든, 누구를 만나든 타인을 먼저 배려한다면 언젠가 내가 도움이 필요할 때 힘이 된다.

배려도 부메랑이다. 똑똑하다고 자부하는 사람일수록 자기 잘못을 인정하지 않고 자기 방어를 위해 수단과 방법을 가리지 않는 경향이 있다.

자신에겐 한없이 관대하면서도 타인에게는 냉정하고 정확한 잣대를 들이댄다. 이기적인 범주를 넘어 타인에 대한 최소한의 배려조차 없는 사람이다. 배려는 소통의 시작이며 배려가 없으면 갈등이 생긴다. 배려가 생활의 기본이 될 때 더불어 행복해지는 것이다.

자신을 망가뜨리는 사람을 보면 양보나 배려는 무시하고 자신만의 이익을 최우선으로 여긴다. 한마디로 극도로 이기적인 사람이다.

세상은 더불어 사는 곳이다. 먼저 주어야 나중에 돌려받게 되어 있다. 먼저 주지 않고 기다리다가 받기를 바란다면 기회가 없을 수도 있다.

이 세상에 태어나 사랑받고 존경받는 사람이 되고 싶다면 남을 먼저 배려하고 대접해야 한다. 그러다 보면 나를 좋아하는 사람들이 내 주변에 많이 모이게 된다. 사람을 좋아하면 그 사람의 단점보다 장점이 크게 다가오기에 단점은 장점에 가려져 좋은 사람으로 인식된다.

배려는 대단한 게 아니다. 멀리서 찾지 마라. 가족, 동료, 친구, 이웃들부터 시작하라. 내가 조금 불편하고 힘들더라도 지하철이나 버스에서 자리를 양보하고 무거운 짐을 들어주는 것, 그것이 배려의 첫걸음이다.

지금 눈에 보이는 것부터 실천하면 된다. 배려하는 마음이 나에게 웃음을 안겨주고 내가 한 행동에 대해 스스로 만족하고 칭찬하면 그게 행복인 것이다.

마더 테레사는 "가장 큰 질병은 결핵이나 문둥병이 아니다. 아무도 돌아보지 않고 아무도 위로하지 않고 아무도 사랑하지 않고 아무도 필요로 하지 않는 것이 가장 무서운 병이다. 빵이 없어서 죽어가는 사람도 많지만 배려가 담긴 사랑이 없어서 죽어가는 사람이 더 많다."라고 했다.

행복하게 살아가는 데 있어 가장 절실한 것은 사랑이 담긴 배려다. 배려는 관심으로부터 시작된다. 배려가 필요한 사람이 옆에 있으면 그냥 지나치지 말고 따뜻하게 먼저 손을 내밀어라. 도움을 필요로 하는 사람에게 친절하게 배려의 선물을 하라. 진정성이 담긴 따뜻한 배려는 최고의 선물이다.

배려도 타이밍이다. 하지 않고 아쉬워하며 후회하기보다는 조금 힘이 들더라도 하고 나면 더 큰 만족을 안겨준다. 누군가에게 꼭 필요한 순간 단 한 번의 배려가 그렇지 않을 때 열 번의 배려보다 가치가 있다.

상대방이 원하는 것을 해주려는 마음이 가장 아름다운 빛을 내는 행복의 빛이다. 이 빛은 칠흑 같은 어둠 속에서도 먼 길을 훤히 밝힌다.

인생을 살면서 한 사람에게 감동적인 배려를 베풀 수 있는 기회는 그리 많지 않다. 그 기회를 놓치지 마라. 그 또한 내가 필요할 때 부메랑이 되어 나에게 돌아오리라.

혀가 지닌
가치

사람이 가진 혀는 달콤한 말로 누군가를 이롭게 할 수 있다.
반대로 딱딱하고 거친 말은 누군가를 다치게 한다.
혀는 좋게도 나쁘게도 사용할 수 있으니 배려하는 마음으로 잘 사용하는 지혜가 필요하다.

어떤 랍비에게 아끼는 제자가 있었다. 랍비는 제자가 얼마나 지혜로운지 알아보려고 심부름을 시켰다.

"시장에 가서 가장 비싸고 맛있는 음식을 사오너라."

제자가 사온 음식은 말랑말랑하고 부드러운 '혀'였다. 랍비는 다시 제자에게 말했다.

"이번에는 시장에서 가장 싸고 맛없는 음식을 사오너라."

그러자 제자는 또다시 혀를 사왔다. 그 혀는 먼저 사온 혀와 달리 딱딱했고 거칠었다.

두 혀를 본 랍비가 제자에게 물었다.

"너는 가장 맛있는 음식을 사오라고 했을 때 혀를 사왔고 가장 싸고 맛없는 음식을 사오라 했을 때도 혀를 사왔구나. 그 이유가 무엇이냐?"

"혀는 잘 사용한다면 가장 훌륭하고 좋은 도구지만 함부로 사용하면 가장 나쁘고 가치 없는 도구이기 때문입니다."

제자가 하는 현명한 말에 랍비는 무척 흐뭇해하며 고개를 끄덕였다.

강자는 누구이고
약자는 누구일까?

길을 가다 돌을 만나면 강자는 그것을 디딤돌이라고 말하고,
약자는 그것을 걸림돌이라고 말한다.
-토마스 칼라일

『탈무드』의 〈강자와 약자〉에 대한 예화를 보면 이런 이야기가
있다.

"세상에는 약자이면서도 강자에게 공포감을 불러일으키게 하
는 네 가지가 있다. 첫째, 모기이다. 모기는 사자에게는 그야말로
공포의 대상이다. 둘째, 거머리이다. 거머리는 덩치가 산더미만 한
코끼리가 봐도 징그러운 놈이다. 셋째, 파리. 아무리 사납다는 전
갈도 파리에게는 꼼짝 못 한다. 넷째, 거미. 하늘의 날쌘돌이 매도
거미줄에는 공포감을 느낀다.

　어떤 강자에게도 항상 천적은 존재하기 마련이다. 아무리 힘없

고 보잘것없는 미물이라도 조건만 충분히 갖춰지면 강자를 이길 수 있다."

그렇다면 어떤 사람이 강자일까?

현실적으로 따지면 돈이 많은 사람, 권력을 쥐고 흔드는 사람, 능력이 있는 사람이라고 말할 수 있다. 맞는 말이다. 그러나 그런 사람들에게 "당신은 강자로 살고 있습니까?"라고 질문을 한다면 뭐라고 대답할까?

아마도 남들이 강자라고 하지만 본인 스스로는 여전히 강자가 아니라고 말할 것이다. 그래서 더 높이 올라가기 위해, 더 많은 것을 가지기 위해, 더 많은 능력을 얻기 위해 애를 쓴다.

그렇다면 가장 강한 사람은 누구일까? 그것은 자신의 마음을 다스릴 줄 아는 사람이다. 사람의 육체는 마음에 의해 움직인다. 마음의 명령에 따라 보고, 듣고, 말하고, 쓰고, 서고, 걷고, 기뻐하고, 굳세어지고, 부드러워지고, 슬퍼하고, 두려워하고, 오만해지고, 남에게 설득되고, 사랑하고, 미워하고, 원망하고, 탐구하고, 도전하고, 반성한다. 결국 가장 강한 사람은 자신의 마음을 조절할 수 있는 사람이다.

언뜻 보기에는 힘이 세고, 권력이 많고, 가진 것이 많은 이들이 강자처럼 보인다. 물론 현실적으로 그들이 나의 생존권을 쥔 것처럼 보일 수도 있다. 그러나 그들은 그저 나보다 조금 많이 가졌을 뿐이다.

그렇다면 약자는 어떤 사람일까? 자신을 잘 모르는 사람이다. 내가 무엇을 하는지도 모르고, 어떤 생각을 하는지도 모르고, 어떤 감정을 지녔는지도 모르고 살아간다는 것은 때로는 허수아비와 같은 느낌이 들 것이다. 그저 내 욕구대로 같은 실수를 반복하면서, 자신을 반성하거나 성찰하지 못하는 것은 무지하기 때문이다. 자기를 모르는 사람은 이 세상을 가장 슬프고 위험하게 살아가는 약자이다.

◆　◆　◆

강자라는 개념은 힘의 세기와는 상관이 없다. 자기의 마음을 너그럽게 만들고 힘든 상황 속에서도 흔들리지 않는 부동심의 마음을 말한다. 때로는 타인을 위해서 희생을 하기도 하고, 그들의 아픔을 같이 공감할 수 있는 참인간적인 심성을 지닌 사람을 말한다.

사소한 일에 화를 버럭 내고 누군가에게 복수를 하려고 하고, 작은 일에도 그 사람을 공격하고, 자꾸 남을 이겨 먹으려고 하고, 타인의 아픔 따위는 신경도 쓰지 않는 것은 약자들이 흔히 하는 행동이다.

강자로 사는 것, 약자로 사는 것 모두 마음먹기에 달려 있다. 남들이 보기에 최고의 것들을 누리고 살아도 베풂에 인색하고 감사할 줄 모르는 사람은 약자이다. 그러나 대단한 물질, 대단한 권력을 가지고 있지 않아도 베풀며 감사하는 사람은 강자이다.

한 톨의 쌀도 농부의 지독한 수고로움이 없다면 우리의 식탁에서 밥을 찾아볼 수 없게 된다. 각자 자신의 위치에서 일정한 시간을 노력하기에 세상은 편안하게 돌아가는 것이다.

엄마는 엄마의 자리, 아빠는 아빠의 자리, 학생은 학생의 자리, 정치인은 정치인의 자리, 회사원은 회사원의 자리에서 충실하기 때문에 세상은 돌고 도는 것이다. 일정한 노동의 대가 그리고 감사와 베풂이 있기에 그것이 우리의 모든 것을 일으키고 만들어내는 동력이 된다.

그러나 한 가지에만 집착하고 휘둘리고 끌려 다니게 되면 가장 나약한 존재가 되어 내가 할 수 있는 것이 없게 된다.

나는 강한 사람이 될 것인가? 약한 사람이 될 것인가? 그 선택에 대한 답은 내 마음에 답이 있다.

무엇을 하든 원망과 불만투성이로 세상을 바라보며 살아가기보다는, 좀 더 지혜롭고 현명하게 자기를 바라보는 힘을 길러야 한다. 거울을 통해 남이 아닌 나를 바라보아야 진정한 강자로 살게 된다.

험담

누군가를 험담하기 전에 먼저 자신을 돌아보라.
살인은 한 사람만 죽이지만 험담은 세 사람을 죽이기 때문이다.
험담은 험담한 자와 그 험담을 막지 않고 들은 자, 또 이 험담으로 피해를 보는 자에게
죽음과도 같은 상처를 준다.

남 험담하기는 살인보다 더 위험한 일이다.

살인은 한 사람만 죽이지만 험담은 세 사람을 죽이기 때문이다.

험담은 험담한 자와 그 험담을 막지 않고 들은 자, 또 이 험담으로 피해를 보는 자에게 죽음과도 같은 상처를 준다.

남을 헐뜯는 자는 흉기로 사람을 해친 이보다도 더 무서운 죄를 지은 사람이다. 흉기는 몸에 지나지 않으면 상대를 해칠 수 없지만 험담은 먼 곳에서도 사람을 해치기 때문이다.

불 속 장작더미는 물을 끼얹어 식힐 수 있지만 험담으로 피해를 본 사람에게는 아무리 잘못을 빌어도 마음속에 생긴 불을 꺼트릴

수 없다.

　마음이 고운 사람이라 해도, 평소 입버릇이 나쁘다면 훌륭한 궁전 옆에 있는 냄새나는 가죽 공장과 같다.

　언제든 물고기 입에 낚싯바늘이 걸리듯이 인간 또한 입으로 걸려든다. 사람은 입이 하나고 귀가 둘이다. 이는 말하기보다 듣기에 두 배로 더 힘쓰라는 뜻이다.

　우리가 손가락을 마음대로 움직일 수 있는 까닭 역시 남들이 하는 험담을 듣지 않기 위함이다. 험담이 들려오면 재빠르게 귀를 막아야 한다.

감사하자

세상에서 가장 지혜로운 사람은 배우는 사람이고,
세계에서 가장 행복한 사람은 감사하며 사는 사람이다.
– 『탈무드』

존경받는 랍비 아키바가 책을 보기 위한 등잔불과 시간을 알려주는 수탉과 먼 길을 타고 갈 나귀와 성경인 『토라』를 가지고 여행을 떠났다.

여행 중에 날이 저물어서 한 마을에 들어갔다.

한 집의 문을 두드리면서 "하룻밤 좀 자고 갑시다." 그렇게 부탁을 했지만 거절당했다. 모든 집들이 다 거절했다.

언제나 감사만 하는 아키바는 '모든 것을 항상 좋게 하시는 하나님께서 내가 방에서 자는 것보다 노숙하는 경우에 더 유익을 줄 것이다.' 하는 마음을 가지고 오히려 감사하며 마을 바깥에서 잠을 자기로 했다.

밖에서 노숙을 하자니까 잠이 오지 않아서 『토라』를 읽으려고 등불을 켰다. 그런데 갑자기 바람이 불어와서 불을 꺼버렸다.

아키바는 '모든 것을 항상 좋게 하시는 하나님께서 불을 켜고 책을 보는 것보다 불 끄고 자는 것을 더 유익하게 해 주실 거야.' 하면서 감사하며 잠을 청했다.

잠을 자려고 하는데 여우의 울음소리가 들려오자 나귀가 그 소리를 듣고 놀라서 그만 도망을 쳐버렸다.

보통 사람 같으면 '내일 내가 무엇을 타고 갈꼬.' 하면서 불평하겠지만 그러나 '모든 것을 항상 좋게 하시는 하나님께서 나귀가 내게 있는 것보다도 없는 것을 더 유익하게 해 주실 거야.' 하는 마음을 가지고 하나님 앞에 감사를 했다.

나귀가 도망을 가는 바람에 수탉도 놀라서 멀리 날아가 버렸다. 그에게는 남은 것이라고는 『토라』밖에 없었다. 그러나 아키바는 '모든 것을 항상 좋게 하시는 하나님께서 나에게 수탉이 있는 것보다 없는 것을 더 유익하게 해 주실 거야.' 하면서 오히려 감사하며 잠을 잤다.

이튿날 아침, 날이 밝아 마을로 들어가 보니 사람들이 전혀 보이지 않았다. 전날 밤 도적떼가 마을을 습격해서 마을 사람들을 모조리 죽이고 물건을 다 약탈해 버렸던 것이다. 만약에 그 마을에서 잠을 잤더라면 아키바도 죽었을 것이다.

만약에 등불을 켜고 오랫동안 『토라』를 읽었더라면 아키바는 도적에게 발견되어서 죽고 말았을 것이다. 만약에 나귀와 수탉이 있었더라면 그것들이 소리친다든지 울었을 때 아키바가 발견되어서 같이 죽었을 것이다.

하나님은 아키바를 살리기 위하여 다른 사람으로 하여금 방을 거절하게 했다. 등불이 꺼지게 했다. 나귀와 수탉을 도망가게 했다. 하나님은 감사하는 아키바를 이렇게 지켜주셨다.

◆　◆　◆

진정한 감사는 무엇일까?

그 옛날, 옷을 입지 않고 맨몸으로 다니던 사람들은 세월이 흐르자 점차 벗은 몸에 부끄러움을 느꼈다. 그리고 몸을 가려줄 옷이 필요해지면서 많은 일을 해야 했다. 양을 길러 그 털을 깎고, 실과 바늘을 만든 다음 옷감을 짜고 꿰매며 작업을 이어갔다. 하지만 지금은 돈만 있으면 옷가게에서 마음에 드는 옷을 골라 살 수 있다.

기계가 발명되기 전에도 마찬가지였다. 빵 한 조각을 먹기 위해 수없이 노력했다. 밭을 갈고 씨앗을 뿌렸으며 거둔 곡식을 빻아서 가루로 만든 다음 반죽해서 굽는, 이 모든 일을 혼자 해야만 했다.

하지만 지금은 빵집에 가서 돈만 내면 쉽게 빵을 살 수 있다.

옛날과 달리 하고 싶은 일을 간단하게 할 수 있는 오늘날, 우리는 과거에 얼마나 많은 사람이 수고로웠는지 생각하며 마음으로 감사해야 한다.

감사는 사람이 가질 수 있는 마음 중 가장 귀하고 소중하고 값진 마음일 것이다. 이 감사하는 마음이 나와 모든 이의 마음을 넉넉하게 해주고 사랑을 꽃 피운다.

감사는 최고의 미덕이다. 이 감사를 통해 서로 한층 더 가까워지고 신뢰가 형성되며, 감사의 결과는 가장 값진 열매로 나타나고 돌아오는 것이다.

파스칼은 인간은 신과 짐승의 중간이라고 하였다. 이는 사람은 신과 같은 면과 짐승과 같은 면이 공존할 수 있다는 것이다. 하지만 짐승과 다른 점은 감사를 할 수 있다는 것이다. 당연한 것으로 받아들이는 것이 아닌, 감사의 마음을 전할 수 있다는 것은 사람만이 가질 수 있고 표현할 수 있는 것이다.

감사는 충분히 가지고 있으며 넘칠 정도라는 것을 알게 해준다. 부정이 수용으로 혼돈이 질서로 바뀌고 혼란스러운 것이 명쾌해진다. 감사는 과거에 의미를 부여하고 현재에 평화를 가져다주며, 미래를 통찰하게 해준다.

감사하면 인간관계도 호전된다. 삶의 거리가 좁혀진다.

미국에서는 아이가 태어나면 맨 처음 가르쳐주는 것이 감사다. 'Thanks'라는 말을 가장 먼저 배웠기에 어디서나 감사에 익숙하다. 아인슈타인은 "감사할수록 더 많은 것을 얻는다"라고 했다. 시인 마야 엔젤루는 "작은 미소 하나가 세상을 바꾼다"고 했다.

감사하는 마음은 어디서 나올까? 그것은 자신에게서 나오지만 자신이 자신에게 감사하는 마음이 없다면 나오기 힘들 것이다. 자기 자신을 늘 격려하고 응원하고 자신을 갖게 하는 마음이 있을 때 감사의 마음이 나오는 것이다.

자신을 비하하고 멸시하고 책망하고 부정적으로만 생각한다면 감사는 나올 수 없다. 자신에게 감사하는 마음을 가졌을 때 나 아닌 다른 이에게도 진솔한 감사를 할 수 있다. 진정한 감사는 진솔한 마음이 담겨 있어야 한다.

감사는 모든 것을 치유한다. 감사는 모든 것을 새롭게 하고 바꿀 수 있다. 감사는 반전을 불러올 수 있다. 아무리 얽히고설킨 일이라도 아무리 힘든 난관에 빠져 있을지라도 감사하는 마음은 모든 것을 바꾸어주고 새롭게 변화시켜 주며 새로운 방향을 제시해 준다.

내 주위의 모든 것을, 감사하는 마음으로 채운다면 세상 모든 것이 내게 밝은 미소로 손짓하며 다가와 우리가 사는 세상은 감사로 가득한 아름다운 세상이 될 것이다.

PART 4

사랑하며 용서하며
지혜롭게 사는 삶

사랑은 강이다. 그러니 뭔가 허전하다고 생각지 말라.
허전함은 사랑의 속성이다. 완전하지 않기 때문에 사랑이 좋은 것이다.
뭔가 빠져 있다면 그대는 그것을 채우려고 할 것이 아닌가.
그대가 사랑의 정상에 닿는다고 충족을 느끼지는 못할 것이다.
사랑은 결코 성취감을 느낄 수 없다.
사랑은 성취를 모른다. 하지만 사랑은 아름답다.
영원토록 생생하기 때문이다.

– 오쇼 라즈니쉬

사랑을 놓치고 싶지 않다면
고난이 오더라도
확신을 갖고 견뎌내라

절망의 늪에서 나를 구해준 것은 많은 사람들의 사랑이었습니다.
이제 내가 그들을 사랑할 차례입니다.

– 오드리 헵번

한 젊은이와 아름다운 아가씨가 있었다.

두 사람은 사랑에 빠져서 남자는 아가씨에게 일생 동안 성실할
것을 맹세했다. 얼마 동안 두 사람은 모든 것이 순조로워서 행복한
나날을 보낼 수 있었다.

그러던 어느 날 남자는 그녀를 혼자 남겨두고 여행길에 나섰다.

그녀는 그가 돌아오기를 기다렸으나 아무리 세월이 흘러도 남자
는 돌아오지 않았다. 친구들은 그녀를 가련하게 여겼고, 그녀를 시
기하는 자들은 비웃으며 말했다.

"그는 절대로 돌아오지 않을 거야!"

그런 말을 들을 때마다 그녀는 슬퍼져서 집으로 돌아가, 그가 남몰래 일생 동안 성실할 것을 그녀에게 맹세했던 편지를 꺼내어 눈물을 흘리면서 읽었다.

편지는 그녀에게 마음의 위로와 힘이 되어주었다.

이윽고 그렇게 기다리던 연인이 돌아왔다.

그녀가 그동안의 괴로움을 호소하자 그는 웃으면서 이렇게 물었다.

"그렇게 괴로웠는데 어떻게 정절을 지킬 수 있었소?"

그러자 그녀가 웃으면서 대답했다.

"나는 이스라엘과 똑같은 몸입니다."

이스라엘이 다른 나라의 지배하에 있을 때, 다른 나라 사람들은 모두 유대인들을 비웃었다. 이스라엘이 독립한다는 이야기를 듣자, 주위 사람들은 이스라엘의 현인들을 바보로 취급했다.

그러나 유대인은 학교나 예배당에서 이스라엘을 지켜왔다. 유대인은 하나님이 이스라엘에게 주신 맹세를 계속 읽어 내려왔고, 사람들은 그 속에 있는 거룩한 약속을 믿고 살아왔다.

마찬가지로 그녀도 그의 맹세의 편지를 읽음으로써 그를 믿고 그가 돌아오기만을 기다렸기 때문에 자신이 이스라엘과 똑같다고 대답한 것이다.

『탈무드』의 예화 〈맹세의 편지〉에 나오듯 무엇보다도 사랑은 흔들림 없는 확신이 있어야 한다. 이 이야기의 여성은 자신을 조국이라고 생각하며 애인을 기다렸다. 확고한 희망을 안고 기다렸기에 그 어떤 흔들림도 유혹도 이겨낼 수가 있었다. 무엇이든 확고한 믿음이 있으면 희망의 열매는 열린다.

아주 오래된 영화 〈지붕 위의 바이올린〉은 러시아에 사는 유대인들의 고통을 그린 영화이다. 주인공 테빗의 아내는 너무 살기 힘들어 테빗에게 갖가지 불평을 늘어놓는다.

그러자 테빗이 아내에게 이렇게 말한다.

"Do you love me?(당신은 나를 사랑하오?)"

그러나 아내는 그의 질문에 대답은 하지 않고 또다시 자신의 고통을 호소한다. 자신이 25년 동안 아이를 낳으면서 힘들고 어렵게 살며 고생한 이야기를 다시 한번 남편에게 죽 늘어놓는다. 그 이야기를 듣고 주인공 테빗이 다시 아내에게 말한다.

"I know that. But do you love me?(그것은 알고 있소. 그러나 당신은 나를 사랑하오?)"

살다 보면 알게 된다. 사랑한다는 것이 반드시 기쁨만 있는 것이 아니라는 것을. 기쁨 속에는 슬픔도 아픔도 있다는 것을. 수고와 고통이 있어야 만족을 얻는 것처럼 진실한 사랑이 있다면 힘든 시간도 당연히 견뎌내게 된다. 힘든 순간에 긴 위로의 말보다 더욱 필요한 것은 사랑하는 마음이다.

사랑 하나만 있으면 고통은 오히려 즐거움이 될 수 있다. 사랑 하나만 있으면 불행을 얼마든지 행복으로 소화해 낼 수 있다. 그러므로 힘든 순간을 이겨내지 못한다는 것은 사랑이 식었거나 사랑하는 마음이 사라졌다는 뜻이다.

그 끝에는 이별이 곧 온다. 사랑의 시련이 나쁜 것은 아니다. 더 큰 사랑을 위한 시험이다. 그러니 두려워하지 말아야 한다.

지난 세월을 보면 최악의 날들이 최선의 날들이라고 여겨질 때가 있다. 시련이 머물 때 슬퍼하거나 좌절하지 말아야 한다. 마음으로 껴안아야 큰 이익을 남기고 사라진다. 고통(pain)이 없으면 얻는(gain) 것도 없고, 고행(cross)이 없으면 왕관(crown)도 없다.

세계적인 독재자 아돌프 히틀러. 유대인을 학살하고 세계대전을 일으킨 냉혹한 그도 사랑이란 걸 했을까.

히틀러와 그의 연인이었던 에바 브라운. 1929년 사진촬영을 위해 나치 당원과 함께 사진관을 방문한 히틀러가 그곳에서 조수로 일하던 에바 브라운을 처음 만난 후, 1945년 함께 동반 자살을 할 때까지 히틀러는 대중에게 에바의 존재를 알린 적이 없다.

"내 신부는 독일이다"라고 선언하고 총통에게는 사생활이 없고,

낮이나 밤이나 독일 민족을 위해 일한다고 공공연히 선전했기 때문이다.

자살로 함께 생을 마감하기 이틀 전에야 에바는 비로소 히틀러와 결혼식을 올리고 '에바 히틀러'라는 이름을 쓸 수 있었다.

세상을 쥐고 흔든 유명인들도 보통 사람과 마찬가지로 버림받고, 배신하고, 집착하는 모습을 보게 된다. 결국 사랑 앞에서는 모두 나약한 '존재'가 된다는 사실이다. 다만 사랑하는 사람에 대한 확신을 갖고 끊임없이 사랑을 표현하고 배려하고 희생한다면 사랑은 오래 머문다.

여성의 가치

    착한 남편과 아내가 이혼했다. 그리고 남편은 곧 새로운 여인을 만나 재혼했다.

    하지만 그 여인은 마음 씀씀이가 무척 나빴던 탓에 남편을 나쁜 사람으로 만들고 말았다.

    이혼했던 아내 역시 다른 남자와 재혼했다. 아내가 재혼한 남자 역시 나쁜 사람이었다.

    하지만 착한 아내 덕분에 그는 선한 남자로 바뀔 수 있었다.

◆　◆　◆

여성은 사람을 바꿀 수 있는 존재다.

여성은 노력에 따라 얼마든지 사람의 운명을 바꾸는 영향력을 행사한다.

복 있는 사람은
누구일까?

사람에게 복이란 첫째, 장수하는 것. 둘째, 물질적으로 넉넉한 것.
셋째, 우환이 없이 편안한 것. 넷째, 덕을 좋아하고 행하는 것.
다섯째, 오래 사는 것이다.

- 『서경』

어떤 마을에 큰 농장이 있었다.

농장 주인인 농부는 마을에서 가장 열심히 일했기 때문에 재산
도 아주 많았다. 농부는 가진 재산을 아끼지 않고 늘 이웃에게 베
풀며 살았다.

그러던 어느 날, 심한 폭풍우로 나무 열매가 모두 상해버리고 가
축들도 죽고 말았다.

모든 것을 잃은 그에게는 작은 땅뙈기만 남았다.

'신이 주셨다가 다시 거두어 가셨으니 어쩔 수 없는 일이지.'

그는 아무도 원망하지 않고 더욱 열심히 일할 뿐이었다.

소식을 들은 마을 사람들은 모두 그를 위로해 주었다. 그러자 농부와 아내가 말했다.

"늘 그랬듯이 올해도 마을 사람들에게 봉사하겠어요."

그러고는 작은 땅 절반을 팔아 그 돈으로 어려운 사람들을 도왔다. 남은 땅으로 더욱 열심히 농사를 지었다.

어느 날, 밭을 갈던 농부는 쟁기에 걸린 딱딱한 무언가를 느꼈다.

농부는 아내를 불러 두 사람이 힘을 모아 땅을 팠고, 그곳에서 큰 보물을 발견했다.

보물을 팔아 옛날처럼 큰 농장을 다시 소유하게 되었고 농부와 아내는 모은 재산을 다른 이들과 나누면서 사람들에게 존경받았다.

『탈무드』에 나오는 이 이야기는 아낌없이 내어주고 봉사해야 복을 받을 수 있다는 가르침을 준다. 사람들은 이렇게 생각할지 모른다. '무조건 베푸는 삶이 과연 가치 있는가? 내가 손해 보는 것은 아닌가?'

"촛불 한 개로 많은 촛불에 불을 붙여도 처음 촛불의 빛은 약해지지 않는다"는 『탈무드』의 명언이 있다. 베풀수록 마음도 넉넉해지고 편안해진다. 물론 찢어지게 가난하다면 물질적으로 베풀 수 없다. 그럴 때에도 육체적으로 도움을 줄 수는 있고 재능으로 베풀

수도 있다.

아무리 가난해도 한 가지 재능은 있다. 그것을 필요로 하는 사람에게 전해서 희망과 웃음을 주면 된다. 베풀어야 복이 찾아와서 내가 행복해진다. 내가 행복해지려면 내가 가진 소중한 것을 누군가에게 내어주어야 한다. 준 만큼 그 빈자리에 복은 들어오게 되어 있다.

사람은 누구나 복받기를 바란다. 사람들은 이렇게 말한다. "왜 제게는 복이 오지 않는 걸까요?" 그러나 그렇게 말하기 전에 먼저 해야 할 것이 있다. 자기가 복을 받을 만한 노력을 했는지를 생각해 봐야 하는 것이다.

사람들이 바라는 것은 무작정 복을 많이 받는 것이다. 그런데 복은 아무에게나 찾아오지 않는다. 이 세상에 존재하는 모든 것에는 이유가 있듯이 복을 받아야 할 사람, 고통을 받아야 할 사람 모두 이유가 있다. 세상 사람 누구나 바라는 복이 아무 이유 없이 아무에게나 찾아가지 않는다는 사실이다.

어떤 사람이 시집을 갔는데 가난하던 집안이 점차 부유하게 되고 좋은 일이 많이 생겼다. 그 집안사람들은 "복덩어리 며느리가 들어와서 우리 집이 잘된다"고 자랑한다. 그 반대가 되면 "복이 없는 사람이 들어와서 그렇다"고 원망하기도 한다.

어떻게 해야 복이 찾아올까? 답은 간단하다. 진정한 복을 누리는 사람이 되려면 '마음 비움'에서부터 시작하자.

가장 소중하다고 생각하는 것부터 버려라. 그리고 쌓이고 쌓인 온갖 원망과 시비, 상처, 욕심과 집착을 모두 내려놓고 가벼워져라. 비운 마음, 가난한 마음, 겸손한 마음이 되었을 때에 처음의 마음으로 돌아가 새롭게 시작할 수 있다.

인간은 태어나서 기껏 100여 년을 살다가 세상을 떠난다. 영원할 것 같지만 물리적 시간이라는 한계가 정해져 있다. 그리고 목적지를 향해 물 흐르듯 흘러간다. 조류의 흐름을 따라 흘러가거나 바람에 떠밀려 흘러간다.

과연 나를 지배하고 나를 요동치게 만드는 것은 나인가? 아니면 타인인가? 그것에 따라 복을 많이 느끼다가 반대로 고통을 많이 느끼다가 떠나간다.

복을 받기 위해서는 '선행'을 해야 한다. 선행의 다른 표현은 친절함이다. 누구에게든 친절하게 내가 가진 소중한 것을 베푸는 것이다. 베풀고 나면 돌고 돌아서 다시 나에게로 돌아온다. 복도 따지고 보면 '주고받는' 것이다.

복이 있어야 인간으로 태어날 수 있다. 복이 있어야 훌륭한 부모나 현명한 자식을 만나고, 어진 아내나 유능한 남편을 만나고, 의 좋은 형제와 자매를 만나고, 신의 있는 친구를 만나고, 공부도 많이 할 수 있고, 시험을 봐도 합격하고, 몸은 건강하고 취업도 잘되고, 진급이나 승진도 빠르다.

결국 인생은 복을 위해 싸우며 복을 주고받으며 산다. 복으로 시작해서 복으로 살아가고 복으로 끝난다고 말할 수 있다. 복이 없거나 적으면 온갖 고생을 하고, 뜻을 이루기가 어렵고, 사람 가운데서 인정받기조차 어렵다.

복이 부족하면 어느 것 하나 제대로 되는 일이 없다. 어쩌면 사람의 삶에서 복을 빼면 삶 자체가 성립되지 않는다. 복이 많을수록 고통이 적고 행복하고 기쁘게 살아간다는 사실이다.

복을 받으려면 어떻게 해야 할까?

먼저 내가 가진 소중한 것을 내어주어야 한다. 복은 '주고받음'이다. 주는 쪽은 복을 짓는 일이고 받는 쪽은 복을 받는 일이다. 남에게 물건을 주거나 돈을 주면 받는 입장에선 복이 된다. 입장이 바뀌어 준 사람이 다시 돌려받아도, 복을 받는 것이다.

태어나서 죽을 때까지 가족끼리, 이웃끼리, 동료끼리, 친구끼리 쉼 없이 복을 주고받는 것이다. '주고받음'의 순환 작용이 인생인 것이다.

사람들이 복이 없다고 생각하는 이유는 복을 짓지 않고 받으려고만 해서이다. 중요한 것은 복을 받으려거든 먼저 복을 지어야 한다는 점이다. 끊임없이 주어야 하고 베풀어야 한다. 복은 남에게 주어야 받을 수가 있다는 것이다. 베풀어야 얻는 것이다.

또한 복을 온 곳으로 되돌려 보낼 줄 아는 사람이 복을 제대로 쓸 줄 아는 사람이고, 다시 복을 짓는 현명한 사람이다. 그러니까 베풀어야 부자가 되고 베풀어야 출세하고 베풀어야 진급하고 뜻이 이루어진다.

조금이라도 남에게 베풀어 본 사람은 안다. 남에게 베풀면 그 이상의 것이 들어온다는 사실을. 예전 그 이상으로 채워진다는 사실을 알게 된다.

세상 그 어떤 일도 베풀지 않고 이루어지는 일은 없다. 인생은 연습이 없다. 항상 실험적이다. 그 누구도 앞을 예측할 수 없다. 그래서 오직 바르게 살아야 한다.

'성공하고 행복하고 싶거든 베풀어라!'가 정답이다. 그것도 가장 소중한 것을 내어주어야 내가 간절히 원하는 소중한 것을 얻을 수 있다.

가장
소중한 지혜

유대인들은 사람에게 가장 중요하고도 필요한 무언가를 지혜라고 생각한다. 지혜는 유대인들이 나라를 잃었을 때도 어려움을 헤쳐나갈 수 있도록 많은 도움을 주었다.

그래서 유대인 어머니들은 자식에게 이런 질문을 하곤 한다.

"집이 불타고 재산을 빼앗긴다면 무엇을 가지고 도망가겠니?"

"돈이나 보석을 가져가야 합니다."

"아니다. 이건 모양도 빛도 냄새도 없는 것이야."

"무엇인지 잘 모르겠습니다."

"바로 '지혜'란다. 지혜는 누구에게도 빼앗길 수 없으며, 죽지 않는 한 항상 지니고 있을 수 있기 때문이다."

이렇게 유대인들은 삶에서 언제나 지혜를 갈고닦을 수 있도록 했고, 지혜를 얻을 수 있는 책을 가장 귀한 물건으로 여겼다.

◆　◆　◆

돈도 명예도 중요하지만 사람에게 가장 필요한 것은 지혜다.

지혜는 어떤 어려움이나 곤란을 벗어나 나를 사람답게 만들어주는 등불이기 때문이다.

어떤 사랑을
할 것인가?

사랑이란 서로 마주 보는 것이 아니라 함께 같은 방향을 바라보는 것이다.

– 생텍쥐페리

지혜로운 솔로몬 왕에게 똑똑하고 예쁜 딸이 있었다.

어느 날, 솔로몬 왕은 꿈에서 공주와 결혼할 남자를 보았다. 잠자코 살펴보니 공주와 전혀 어울리지 않는 사람이었다.

'이게 신이 보여주신 뜻이란 말인가?'

솔로몬 왕은 무척 실망했지만 가만히 있을 수만은 없는 노릇이었다.

그는 사랑하는 공주를 작은 섬으로 데려가 별궁에 가두었다. 그리고 아무도 들어오지 못하게 경비병을 빼곡하게 세웠다.

누구도 딸과 만날 수 없다는 사실을 확인한 왕은 그제야 마음을 놓았다.

그 시각, 한 남자가 길을 헤매고 있었다. 그는 밤이 오자 몹시 추워서 죽은 사자 품에 들어가 잠을 잤다.

남자가 깊이 잠들어 있을 때 갑자기 어디선가 커다란 새가 나타나 죽은 사자와 남자를 통째로 들고 날아가기 시작했다.

그렇게 한참을 날았을까. 사자와 남자는 솔로몬 왕이 딸을 가둔 별궁 위까지 날아갔다. 그때, 커다란 새가 사자와 남자를 놓쳐버렸다. 쾅, 하는 둔탁한 소리와 함께 사자와 남자가 별궁 안으로 떨어졌다.

소리에 놀란 공주가 뛰쳐나와 쓰러진 남자에게 다가가 말했다.

"다치지는 않으셨나요?"

"네, 사자 덕분에 괜찮습니다."

마음씨 착한 공주는 하인들을 시켜 남자를 보살피게 했고, 두 사람은 이내 사랑에 빠졌다.

이 사실을 안 솔로몬 왕은 결국 신이 내린 뜻을 받아들이기로 했다.

『탈무드』에 나오는 〈사랑〉의 예화에서처럼, 사랑은 우연에서 시작해서 인연으로 이어진다. 그렇다면 사랑은 무엇일까?

셰익스피어는 사랑을 "눈이 아니라 가슴으로 보는 것"이라고 했고 톨스토이는 사랑을 "아낌없이 주는 것"이라고 표현했다. 마음을 담은 사랑의 말은 그 어떤 것도 다 녹일 수 있고 철옹성 같은 장벽도 허물 수 있다. 다만 가식이 없는 따뜻한 마음이 담긴 말, 배려하는 마음이 담긴 말, 힘을 실어주는 말이라야 한다.

사랑을 표현할 때 하트를 많이 사용한다. 그렇다면 하트는 언제부터 사용되었을까? 사랑을 뜻하는 ♡(하트)는 원래 사랑을 뜻하는 말이 아니었다. 기독교에서 ♡는 포도주를 넣는 성스러운 그릇인 성배(聖盃)를 상징함과 동시에 포도주는 바로 예수의 피를 뜻한다. 영어에서 Heart(하트)는 프랑스어 퀘르(심장)에서 유래했다. 다시 말해 ♡는 붉은 피가 끓는 심장과 피를 담는 그릇인 성배의 상징적 의미가 결합한 것이다. 1910년 미국에서 밸런타인데이를 축하하는 카드에 하트가 사용되고부터 본격적으로 확산되었다고 한다.

유래가 어떻든 하트는 지금 사랑을 의미한다. 어떤 이는 사랑을 기꺼이 나 자신의 영혼마저도 내어주는 것이라고 했고 또 어떤 이는 뜨거운 가슴으로 하는 사랑을 차가운 머리로 의심하지 말라고도 했다. 사랑은 영원한 것이 아니라 영원하기 위해 노력하는 마음이라고도 한다.

아무리 태연한 사람이라 할지라도 누군가 혹은 무엇에 마음을 빼앗겼다면 가슴은 뛰게 되고 사랑은 시작된 것이다. 사랑에 빠지면 뇌에서 페닐에틸아민과 도파민 분비가 일어나는데 이는 기분을 좋게 하는 물질로 저절로 미소를 짓게 만든다. 사랑하는 사람과 같이 있으면 자신도 모르게 미소가 나오는 것도 바로 이 때문이다.

미스터리 같은 사랑을 위하여 많은 사람들이 자신의 전부를 바쳐 헌신하고 생명까지도 던지는 일이 있다. 진실한 사랑은 세상의 어떤 힘보다도 강하기에 마음만 먹으면 이루지 못할 것이 없다. 아무리 힘들고 최악의 경우에 막다른 골목에 혹은 절벽 낭떠러지 끝에 있다 하더라도 사랑의 힘으로 모든 문제는 해결된다. 아무리 깊은 상처도 치유해 줄 수 있는 게 사랑의 힘이다.

사랑한다고 해서 다 사랑은 아니다. 마음으로 주고받는 사랑이라야 힘이 되고 감동을 안겨주어 최고의 사랑이 된다. 시인 휘트먼은 사랑을 이렇게 표현했다.

"사랑받는다는 것은 촛불처럼 타오르는 것
사랑한다는 것은 태양처럼 빛나는 것
사랑받는 것은 없어져 가는 것이지만
사랑하는 것은 언제나 지속되는 것이다."

그렇다면 어떤 사랑을 할 것인가? 그것 역시 자신의 선택이고 몫이다.

쾌락을
경계하라

많은 사람이 탄 배 한 척이 바다를 건너고 있었다. 목적지로 가던 그 배의 항해는 순탄치 않았다.

세찬 비바람이 부는 바다를 뚫고 가던 배는 이내 뱃길을 잃어버리고 말았다.

어디로 가는지도 모른 채, 이리저리 흔들리던 배 안에서 사람들은 숨을 죽이며 거친 파도와 폭풍우가 멎기만을 기다리고 있었다. 마침내 폭풍우가 그치고 파도가 가라앉자 바다는 다시 잠잠해졌고, 저 멀리 쉬어갈 만한 섬이 보였다.

섬에 도착하자 사람들은 해변에 배를 묶어두고 잠시 머무르기로 했다.

섬에는 귀하고 아름다운 꽃들이 피어 있었고, 먹음직스러운 과일들이 주렁주렁 매달린 나무가 수없이 많았다. 또 온갖 새들이 아름다운 소리로 지저귀고 있었다.

이를 본 사람들은 앞으로 어떻게 해야 할지 이야기를 나눴다.

그 결과 다섯 무리로 나누어 행동하기로 했다.

첫 번째 무리는 배에서 내리지 않았다.

"섬을 구경하는 동안 바람이 불어서 배가 휩쓸리면 어떡합니까? 우린 가지 않겠습니다."

두 번째 무리는 섬에 가서 구경하고 늦지 않게 다시 돌아오기로 했다.

"감미로운 꽃향기를 맡으며, 시원한 나무 그늘 아래에서 달콤한 열매를 먹고 오겠습니다. 그래야 기운을 되찾을 수 있을 테니까요."

세 번째 무리는 섬에서 아주 오랫동안 즐기고 싶어 했다.

"저 아름다운 섬을 언제 또 보겠습니까? 우리는 충분히 쉬다 오겠습니다."

하지만 그들은 강하게 부는 바람을 알아차리고 배가 떠날까 봐

부랴부랴 돌아왔다.

네 번째 무리는 섬에서 느긋하게 쉬고 있었다. 게다가 배의 닻을 걷어 올리는 사람들을 보고만 있을 뿐이었다.

"배가 떠나려면 시간이 꽤 걸립니다. 그리고 설마하니 우릴 두고 가겠습니까?"

막상 배가 바다로 떠나기 시작하자 그들은 허겁지겁 물에 뛰어들어서 배에 올라탔다. 그 바람에 날카로운 돌부리에 걸려 넘어져 상처를 입었다.

다섯 번째 무리는 섬에서 먹고 즐기느라 떠나는 배도 미처 보지 못하고 있었다.

"왜 저러는지 모르겠군. 대체 이 좋은 섬을 왜 떠난단 말이오?"

그러나 그들은 곧 맹수에게 공격당해 잡아먹히거나 독이 든 열매를 잘못 먹어서 모두 죽고 말았다.

◆　◆　◆

이 이야기에 나오는 배는 사람이 하는 착한 행동을 말하고, 섬은 즐거움만 느끼려 하는 쾌락을 말한다.

섬에 도착한 다섯 무리는 각각 세상을 살아가는 사람들 유형을 비유로 보여주고 있다.

첫 번째 무리는 살아가면서 느껴야 하는 즐거움을 무시하는 사람들이다.

두 번째 무리는 즐거움을 알맞게 맛보면서 자기 자리에서 해야 할 일을 정확히 하는 지혜로운 사람들이다.

세 번째 무리는 즐거움에 흠뻑 빠져 있다가 할 일을 뒤늦게 하느라 애쓰는 사람들이다.

네 번째 무리는 아주 늦게 제자리로 돌아와 크게 고생하고 상처를 입는 미련한 사람들이다.

다섯 번째 무리는 자기가 할 일도 모른 채 무작정 즐거움만 좇다 비극을 만난, 무리 가운데 가장 어리석은 사람들이다.

살면서 가장 조심해야 할 무리가 다섯 번째 무리와 같은 사람들이다.

즐거움에만 빠져 있다가 불행을 주는 '쾌락'을 경계하는 지혜가 반드시 필요하다.

결혼, 왕(왕비)으로 살 것인가,
신하(하녀)로 살 것인가

결혼해 보라. 당신은 후회할 것이다.
그러면 결혼하지 말라. 당신은 더욱 후회할 것이다.

- 소크라테스

사랑하는 내 딸아.

네가 남편을 왕처럼 섬긴다면 그는 너를 왕비처럼 귀히 대해 줄 것이다.

네가 하녀처럼 행동하면 남편은 너를 하찮게 취급할 테지.

네가 고집을 부리고 그를 배려하지 않는다면, 너를 막무가내로 복종시키려 할 것이야.

남편이 아끼는 물건을 늘 소중히 다루어라.

그러면 남편은 네 치맛자락도 함부로 밟지 않을 것이다.

남편이 친구 집에 간다면 목욕하고 예의 있게 옷을 갖춰 입도록 도우려무나.

반대로 남편 친구가 네 집에 온다면 정성을 다해서 대접해라.

그러면 남편은 너를 더욱 소중하게 여길 것이다.

늘 네 가정을 생각하며 마음을 쓰렴. 그렇다면 남편은 네 머리 위에 왕관을 올려놓고 평생을 아낄 것이다.

사랑하는 딸아, 네 결혼을 축하한다.

『탈무드』에 나오는 〈결혼을 앞둔 딸에게〉라는 예화이다. 누구에게나 결혼은 신성하다. 『탈무드』에는 열여덟 살이 되면 결혼을 해야 한다고 나와 있다. 결혼은 약속이다. 일반적으로 결혼할 때 반지를 끼는 손가락은 약속의 의미로 잘 알려진 넷째 손가락이다.

반지에 관한 전통은 고대 로마 시대부터 비롯됐다. 로마 시대에는 결혼과 약혼의 의미로 왼손 약지에 반지를 끼게 되어 있었는데 손가락에서 나온 특별한 정맥 '베나 아모리스(vena a moris)'가 심장에 직접 연결된 것으로 모든 사람이 믿었기 때문이다. 이러한 관습 때문에 넷째 손가락에 반지를 끼는 것이다.

유대인의 결혼 풍습 중에서 전 세계로 확산된 의식이 한 가지 있는데 그것은 바로 신랑, 신부가 반지를 교환하는 것이다. 유대인이 반지를 교환한 것은 둥근 반지처럼 부부가 평생 함께하자는 의미를 담고 있다. 유대인의 결혼반지는 아무런 흠이 없는 금속으로 만들어진 것만 교환할 수 있었다.

유대인들의 결혼식은 성서의 의미와 민족의 역사를 담고 있다. 결혼과 동시에 '온전함'이라는 뜻을 가지고 있는 슈라못 반지를 신랑과 신부가 나누어 낀다. 유대인들이 결혼식 때 나눠 가지는 반지는 주로 은이나 금으로 되어 있고 반지에 보석을 박지 않는 것이 원칙이다. 보석을 박게 되면 반지에 흠이 가기 때문에 신랑과 신부의 '온전성'에 흠이 간다는 것이다.

유대인들은 결혼을 사회를 구성하는 기본 단위로 여기기 때문에 결혼 예식 하나하나에도 많은 의미를 담았다.

신랑과 신부는 결혼식 전날 저녁부터 결혼식이 끝날 때까지 하루를 금식한다. 함께 기도하면서 결혼식을 준비한다.

유대인들은 결혼식 때 '후파'라고 하는 조그만 천막 안에서 결혼식을 한다. 실내에서 결혼식을 하는 이유는 야외의 혼잡함 속에서 신랑과 신부를 거룩하게 구별한다는 깊은 뜻을 담고 있다.

그리고 서로 다른 가정 배경과 생활 방식, 남성과 여성의 본능 차이와 천성적인 기질의 간격을 극복하는 데 한계가 있기 때문에 결혼 마지막 순서에는 신랑이 컵을 깨트린다. 이는 유대인의 성전이 깨어진 것을 애도함과 동시에 산산조각이 난 유리컵은 원상복구가 불가능하듯 결혼도 되돌릴 수 없다는 것을 다시 한번 상기시키기 위함이다.

유대인들의 작은 결혼식은 가장 행복해야 할 결혼식에 가장 슬

폰 과거의 교훈을 잊지 말자는 의미를 담고 있다.

결혼생활은 어떻게 해야 할까? 아마도 결혼은 물과 소금이 합쳐 소금물이 되는 물리적 변화보다는 산소와 수소가 반응하여 물이 되는 화학적 변화를 의미하지 않을까? 결혼이라는 것은 혼자가 아닌 둘이 합쳐 새로운 무엇을 창조해야 하기 때문이다.

요즈음 유행하는 '캐미'는 남녀 간의 강한 끌림의 화학적 반응을 의미한다. '캐미'는 영어의 'chemistry'에서 유래한 것으로 남녀 간에 강한 끌림이 느껴지는 화학적 반응을 지칭한다.

남녀가 사랑에 빠지면 도파민이라는 행복 호르몬이 나온다. 이로 인해 사랑에 빠지면 모든 게 이해가 되고 아름답고 신기하고 이전에 이해 불가한 것도 이해가 되고 나아가 용서하게 된다. 최고의 행복을 안겨주는 화학적 반응은 무엇일까?

『탈무드』에 나오는 "남편을 왕처럼 섬긴다면 그는 너를 왕비처럼 귀히 대해줄 것이다"는 말처럼 누가 먼저랄 것 없이 끊임없이 사랑하고 배려하고 때로는 큰 희생을 감내해야 푸른빛을 뿜어내는 희망이 넘치는 가정을 꾸릴 수 있다.

첫 마음, 첫 느낌, 첫 행동으로 서로에게 일분일초도 무관심하지 않은 사랑으로 책임감을 가지고 진실하게 사랑할 때 결혼의 평화는 오래도록 유지된다.

『탈무드』에서는 "남자의 집은 아내이고 가정은 최상의 안식처"라고 했다.

또 "부부가 진정으로 사랑하고 있으면 칼날 폭만큼의 좁은 침대에서도 잠잘 수 있지만 서로 미워하기 시작하면 10미터가 넘는 넓은 침대도 좁다"고 했다. 물론 결혼을 했다고 해서 나를 사랑하라고 상대방에게 강요할 수는 없다.

"뿌린 대로 거둔다"는 말이 있다. 술병을 거꾸로 잡고 아무리 흔든다 해도 만일 그 병이 마개로 막혀 있다면 마개를 따지 않는 한 병 속에 있는 술이 밖으로 나오지 않는다.

사랑이 흐르지 않는다면 사랑이 흐르지 못하게 막는 장애물을 찾아 제거해야 한다. 흐르는 물이 고이면 썩듯이 사랑도 흐르면서 조금씩 변화를 주어야 한다. 당신의 영혼은 사랑으로 가득 차 있는데 당신의 몸에는 사랑을 막는 악이 입구를 막고 있기 때문에 사랑이 흐르지 않는 것이다.

몸에 붙은 악의 먼지를 깨끗이 털어내라. 그러면 처음처럼 사랑이 흘러 마음으로 사랑을 하게 될 것이다.

결혼했다고 해서 영원히 사랑하게 되지는 않는다. 결혼에 있어 책임이라는 날개를 잃으면 비상하지 못한다. 그것은 엄청난 고통과 비애를 안고 추락한다.

행복한 사람은 무언가를 바라지 않고 무한 리필할 때 상대방은 향기를 머금은 사랑으로 화답한다.

결혼도 자연처럼 카르마(Karma, 인과응보)의 법칙이 적용된다. 먼저 사랑을 뿌리면 뿌린 대로 거두게 된다.

세상에서 가장
강한 12가지

　세상에는 12가지의 강한 것이 있다.

　그중에는 먼저 '돌'이 있다.

　돌은 '쇠'에 의해 깎이고 다듬어진다.

　쇠는 '불'에 녹는다.

　불은 '물'에 꺼져버린다.

　물은 '구름' 속에 흡수되어 버린다.

　구름은 '바람'에 의해서 이리저리 떠밀려 다닌다.

　바람은 '인간'을 불어 날릴 수가 없다.

　인간은 '공포'에 의해서 처참하게 무너진다.

공포는 '술'에 의해 잊혀진다.

술은 '수면'에 의해서 제거된다.

수면은 '죽음'만큼 강하지 못하다.

그 죽음조차도 '사랑'만큼은 이기지 못한다.

가족이 행복해야
국가가 행복하다

아이들은 부모를 사랑함으로써 출발하고,
나이가 들어감에 따라 부모를 평가하고 때로는 부모를 용서하기도 한다.
- 오스카 와일드

유대인 중에는 이삭이란 이름을 가진 이들이 많다.

이삭은 히브리어로 '유쾌한 웃음'이란 뜻이다.

유대인의 예화에 보면 이삭이 처음 태어났을 때 어머니는 나이가 많아 남의 자식이 아닐까 하는 오해를 살까 봐 모유를 먹여 키웠다.

게다가 진짜 어머니임을 강조하기 위해 옆집 아이에게도 자신의 젖을 먹였다. 그렇지만 자신의 아이에게 더 많이 먹이기 위해 옆집 아이에게는 모유를 충분히 먹이지 않았다.

결국 유대인이 강조하는 것은 자신이 가진 힘이나 재능은 우선적으로 자신의 가족에게 베풀라는 것이다. 그런 다음에 나머지를 사회에 베풀어야 한다는 생각을 갖고 있다.

결국 유대인은 나라의 행복은 가정에서 시작해서 사회로, 국가 전체로 확대된다고 확신하고 있기 때문이다.

진짜 아들

어떤 부부에게 아들이 두 명 있었다. 그런데 한 아들은 아버지가 달랐다. 남편은 아내에게 그 이야기를 들었지만 누가 자기 친아들인지 알 수 없었다.

어느 날, 이 남자는 자신이 병에 걸려 곧 죽는다는 사실을 알았다. 그는 죽기 전, 친아들에게 모든 재산을 물려준다는 유서를 써서 변호사에게 전했다.

그가 죽은 뒤, 변호사는 유서를 랍비에게 보여주며 도움을 청했다.

랍비는 두 아들을 아버지가 묻힌 곳으로 데려가서 말했다.

"유산을 물려받으려면 몽둥이로 아버지 무덤을 힘껏 내려쳐라."

그러자 한 아들이 울면서 랍비에게 말했다.

"저는 사랑하는 아버지가 묻힌 곳을 절대로 칠 수 없습니다."

랍비는 울고 있는 아들을 일으키며 말했다.

"자네가 진짜 아들이구나."

내일을
밝히는 가족

가족 중에서 잘못이 있으면 심하게 화내지 말며 또한 가볍게 넘겨버려서도 안 된다.
그 일을 직접 말하기 어려우면 다른 일을 비유하여 말하라. 오늘 깨닫지 못하면
내일까지 기다려 다시 경고하라. 그때는 봄바람이 언 것을 풀듯이,
화기가 얼음을 녹이듯이 부드럽게 하라.

- 『중용』

『탈무드』에 이런 말이 있다.

"남자의 집은 곧 아내이다. 아내를 함부로 대하지 마라.

신은 아내의 눈물방울 하나하나를 세고 계신다.

자식과 약속을 했다면 그 약속은 반드시 지켜라.

만약 약속을 지키지 않으면 아이들에게 거짓말을 가르치는 셈
이다.

자식이 어릴 때에는 엄히 가르치는 것이 맞지만 자식이 부모를
두려워할 정도로 가르치는 것은 옳지 못하다.

아버지가 다른 사람과 언쟁을 벌이고 있을 때, 자식이 다른 사람의 편에 서는 일은 옳지 못하다."

◆　◆　◆

유대인에 대한 책을 보면 이름이 특이하다는 사실을 깨닫게 된다. '야곱', '아브라함', '사무엘', '다윗', '이삭' 등 유대적 분위기가 물씬 풍기는 이름이 많다. 그들은 성서나 유대의 전통에서 따오거나 할아버지나 할머니, 숙부나 숙모 등 친족의 이름을 아이들에게 지어주며 조상과의 일체감을 심어준다. 다시 말해 유대인은 가족, 즉 조상의 전통에 충실하다는 것이다.

더 나아가 그 이름을 바탕으로 성서나 이스라엘 전통에까지 거슬러 올라가 민족적인 자각을 일깨워 준다. 그리고 자기와 똑같은 이름의 훌륭한 조상이나 위인이 먼 옛날에 있었다는 것을 알게 된 아이들은 그것만으로도 조상에 대해 말할 수 없는 친근감을 느끼게 된다.

유대인들은 이름을 통해, 선대 때부터의 전통을 아이들에게 설명해 줄 수 있는 것을 큰 긍지로 삼고 있다.

또한 자신의 이름 역시 손자나 증손자에게로 이어지리라 생각하며 스스로의 이름을 더럽히지 않기 위해 노력하게 된다. 유대인은 예로부터 대가족을 이루며 함께 사는 것을 중요시했다. 유대인은 한 장의 천처럼 짜여 있으며 누구도 이 천을 떠나서는 존재할 수 없다는 말도 가족문화의 중요성을 설명한 것이다.

미국의 가족 전문가인 스콧 할츠만은 저서『행복한 가족의 8가지 조건』에서 이 세상에 완벽한 가족은 존재하지 않지만 행복한 가족은 존재한다고 했다. 또 행복한 가족은 구성원 모두가 한 방향을 바라보고 있는 거라고 말했다.

생각해 보면 가족이란 부부를 중심으로 혈연관계의 사람들이 함께 살고 있는 가장 기본적인 공간이자 사회생활의 기초이며, 모든 출발은 이곳으로부터 시작되는 것이다. 가족이란 말은 아버지(father)의 fa와 어머니(mother)의 m, 그리고 나(I)의 I, 그리고 당신(you)의 y가 합쳐서 태어난 말이다. 결국 가족은 "아버지, 어머니, 나는 당신을 사랑합니다(Father and mother I love you)"란 뜻이다.

건강하고 행복한 가정은 부부가 타협하고 조정하는 가운데 가족 구성원들이 사랑과 신뢰 그리고 배려를 근간으로 일체감을 갖는 데서 출발한다.

가족은 사회생활의 기초가 되지만 움직이는 모빌과 같다. 한 사람만 흔들려도 전체가 다 흔들리게 된다. 나의 자리에서 나의 역할을 다할 때 어떤 비바람에도 흔들리지 않는 단단한 가족이 된다.

아무리 힘들어도 든든한 가족이 버팀목이 되어 바람막이가 되기 때문에 꿋꿋이 이겨내는 것이다. 내가 잘못을 하여도 웃으며 끌어 안아주고 내가 실패를 하여 가족 모두를 힘들게 하여도 말없이 토닥여 주는 것이 가족이다.

작은 물방울이 큰 바위를 뚫는다는 말처럼 때로는 벗어나고 싶은 관계라고 갈등을 호소하는 사람도 있지만 유대인 가족처럼 남의 가족과 비교하지 말고 내 가족의 문화 그대로를 인정하며 각자의 자리에서 책임과 의무를 다할 때 빛이 가득한 가정이 된다.

힘에 부칠 정도로 완벽한 가정을 만들려고 애쓰며 집착하지 말고 내려놓고 배려하고 나누면 모두가 편해진다. 그것이 가족 모두가 행복해지는 비결이다. 인생의 가장 중요한 순간을 가족과 함께할 때 인생은 보다 더 의미 있고, 아름다운 추억을 많이 만들 수 있다.

내 곁에 있는 소중한 사람과 함께할 때 '내일을 밝힌다'는 현명한 지혜를 깨달을 수 있다.

진짜 어머니

어느 날, 무슨 일로 두 여인이 서로 다투었다.

알고 보니 아기 한 명을 두고 여인들은 자신이 진짜 아기 어머니라며 주장하고 있었다. 사람들은 두 여인 가운데 누가 진짜 어머니인지 구별할 수 없었다.

두 여인은 자기가 진짜 엄마라며 점점 더 크게 다투었다.

아무 결론도 내릴 수 없었던 두 여인은 솔로몬 왕에게 아기를 데리고 왔다.

여인들은 서로 자기 아들이라고 싸우면서 둘 가운데 누가 진짜 어머니인지 판결을 내려달라고 말했다.

솔로몬 왕은 두 여인을 두고 여러 가지 조사를 해보았지만 진짜 어머니를 밝혀낼 수 없었다.

결국 그는 고민 끝에 이렇게 말했다.

"아무리 해도 진실을 밝혀낼 수가 없구나. 그러니 이럴 때는 공평하게 둘로 나누어야겠지."

그러고는 병사에게 아이를 둘로 나누라고 명령했다.

그러자 그들 가운데 한 여인이 달려들며 미친 듯이 울면서 빌기 시작했다.

"안 됩니다! 아이를 죽이지 마세요. 그럴 바에는 차라리 저 여자에게 아이를 주십시오."

그 모습을 본 솔로몬 왕이 여자에게 말했다.

"당신이 바로 진짜 아이 어머니요."

핏줄이란 물과
기름이 아니라
물속의 또 다른 물이다

모든 행복한 가족들은 서로서로 닮은 데가 많다.
그러나 모든 불행한 가족은 그 자신의 독특한 방법으로 불행하다.
- **톨스토이**

유대인 이야기 〈사이좋은 형제〉에 보면 이런 내용이 있다.

어떤 부지런한 형제가 있었다. 형은 결혼해서 아내와 아이가 있었고, 동생은 결혼하지 않은 총각이었다.

두 형제는 아버지가 물려주신 재산과 농사를 지어 얻은 곡식을 공평하게 나누어 가졌다.

어느 날 밤이었다. 동생은 곡식 자루를 형의 창고 안에 몰래 가져다두었다.

'형에게는 가족이 있으니 혼자인 나보다 먹을 곡식이 많이 필요하겠지.'

한편, 형도 동생의 창고에 곡식 자루를 가져다놓던 참이었다.

'먹을 음식이 모자라다면 가족과 함께 일을 더 많이 하지 뭐. 하지만 동생은 혼자이니 많은 식량을 모아두어야 해.'

다음 날 아침, 형제는 각자 창고 문을 열고 무척 놀랐다. 곡식이 조금도 줄지 않았기 때문이다.

'분명히 형네 창고에 가져다두었는데…….'

'분명히 동생네 창고에 가져다두었는데…….'

둘은 이상한 생각이 들어서 다음 날도, 또 다음 날도 곡식 자루를 서로의 창고로 옮겼다.

그러던 어느 날, 형과 동생은 돌아오는 길에 마주치고 말았다. 그리고 그제야 곡식을 가져와 서로 창고에 채워주고 있었음을 알았다.

서로를 생각하는 마음에 감동한 형제는 곡식 자루를 내려놓고 부둥켜안고 눈물을 흘렸다.

이 이야기에서처럼 사이좋은 형제는 서로에게 베푸는 것을 당연하다고 생각한다.

사랑은 보상이나 대가를 바라지 않고 베풀 때 가치가 있다.

아무리 생각과 행동이 다른 형제간이라도 끌어당기는 무언가가 있다.

핏줄이란 그런 거다.

집안에서는 치고받고 싸워도 밖에 나가면 편드는 게 가족이다. 그것 참 묘하다. 안에서는 소소한 것으로 다투더라도 밖에만 나가면 든든한 내 편이 된다.

아무리 사이가 좋지 않더라도 가족은 마지막까지 함께 가야 할 인연이다.

비록 내 의사와 상관없는 운명의 결정이지만 그렇기 때문에 더욱 소중하다.

함께 살지 않더라도 시간을 내서 자주 만나는 것이 좋고, 만약 사이가 좋지 않으면 한발 물러나 이해하고 보듬어야 한다.

핏줄이란 물과 기름이 아니라 물속의 또 다른 물이기 때문이다.

부모 자식 간의 사랑,
효도란 무엇일까

나무는 잠잠하려고 하나 바람은 그치지 않고,
자식은 섬기고자 하나 어버이가 기다리지 않는다.
- 『맹자』

어떤 마을에 가난한 아버지와 아들이 있었다.

어느 날, 아들은 닭을 얻어 아버지께 닭 요리를 만들어 드렸다.

놀란 아버지가 아들에게 물었다.

"이 닭은 어디서 났느냐?"

"아버지는 아실 필요 없어요. 어서 드시기나 하세요."

아들이 내뱉는 퉁명스러운 대답에 아버지는 아무 말도 못 했다.

기분이 상한 나머지 닭 요리도 맛없게 느껴질 정도였다.

같은 마을에 있는 방앗간 집도 가난하기는 마찬가지였다. 방앗간 집 아버지와 아들은 함께 일을 나누어 했다.

그런데 어느 날, 왕은 온 나라에 있는 방아꾼을 모두 성에서 일하도록 명령을 내렸다.

아들은 아버지에게 방앗간 일을 맡기고 성으로 떠났다.

두 아들 가운데 누가 천국에 가고 누가 지옥에 갔을까? 천국에 간 아들은 바로 방앗간 집 아들이다.

먼저 방앗간 집 아들은 왕이 내린 명령 때문에 어쩔 수 없이 성에 갈 수밖에 없었다.

성에서 일하면 배고픔에 시달리고 잠잘 시간도 부족했다.

그래서 아버지를 힘들게 할 수 없었던 아들은 직접 성으로 가, 아버지를 배려하는 모습을 보였다.

반면 닭을 얻은 아들은 아버지에게 닭을 대접했지만 묻는 말에 제대로 대답하지 않아 아버지 마음에 상처를 주었다.

그 탓에 아버지는 아들이 힘들게 잡은 맛있는 닭 요리마저 그 맛을 느끼지 못했다.

『탈무드』에 나오는 예화 〈천국과 지옥〉에 대한 이야기이다. 과연 진정한 효도란 무엇일까?

물질적인 욕구를 채워주는 것이 효일까?

아니면 마음을 담은 작은 정성이 효일까?

『논어』에 따르면 공자는 이렇게 말했다.

"부모님께 싹싹하게 잘하는 것이 효도라면 개나 말을 잘 돌보는 것과 다르지 않다."

부모님께 카네이션을 달아드리거나 명절날 한우고기 세트를 사드리는 것도 효도일 수 있지만 가장 큰 효도는 부모에게 마음고생을 시키지 않는 것이다. 효도는 무엇이든 도움을 주고 싶은 사랑의 마음이다.

아무리 많은 것을 가졌더라도 부족한 한 가지는 있다. 그것을 찾아 도와주는 것이 효도이다. 주는 것이 없이 말로 때우는 사랑은 효도가 아니며 진정한 효도는 행동으로 실천에 옮겨야 한다.

부모가 젊었을 때 자식을 낳아 애지중지 사랑하며 양육했다면 자식이 어른이 되어 힘없는 부모를 마음으로 보살피는 것이 진정한 효도가 된다. 핏줄을 나눈 부모 자식 간이라도 저절로 가까워지고 친밀해지는 것은 결코 아니다.

특히 유대인들은 성서에서 중요시하는 안식일을 꼭 지킨다. 안식일을 지키는 것은 전통과 종교적인 의미에서도 중요하지만, 가족과 함께 시간을 보내고 대화하는 시간을 가진다는 의미에서도 중요하다. 유대인들은 매주 금요일이면 반드시 온 가족이 함께 모여 저녁식사를 한다.

유대인 부모들은 먼저 부부끼리 의견을 합의하고 자녀와 이야기를 나눈다. 가족들 모두가 일주일 동안 있었던 이야기를 나눈다. 사소한 일까지 고해성사하듯 풀어놓는다. 아이가 어렸을 때부터 '배움은 달콤하고 즐겁다'는 의식을 심어주기 위해서도 노력한다. 가령 아이가 처음 글자를 알게 되면 꿀 한 숟가락을 입에 넣어주는 식이다.

다섯 살부터는 『토라』를 가르치는데, 잘 배우는 아이를 위해 특별 파티도 열어준다. 유대인들은 어릴 때부터 매주 『탈무드』와 『성경』을 공부한다. 총 2만 쪽에 달하는 『탈무드』는 트럭 하나를 꽉 채우고도 남는 양이다. 부모는 자녀가 잘못을 저지르거나 골치 아픈 상황에 휘말리면 『탈무드』나 『성경』을 인용하며 아이를 지혜로 인도한다.

다섯 살짜리 유대인 아들이 집 앞에 있는 마트 아저씨가 다른 아이들에게는 초콜릿을 주면서 자기한테만 주지 않아 슬프다고 말한다. 그러면 유대인 부모는 한국 부모처럼 "더 비싼 초콜릿 많이 사 줄게"나 "내가 마트 아저씨에게 가서 따질게"와 같은 말을 하지 않는다.

유대인 부모는 아들이 당면한 문제를 자신이 당면한 문제처럼 생각해 보면서 상처받은 아들의 마음을 헤아려 주려고 애쓴다. 이렇게 유대인들은 어렸을 때부터 부모와 많은 대화를 하고 부모로부터 지혜로운 해결 방안을 들어왔기 때문에 청소년이 되고 성인이 되어서도 자연스럽게 부모와 많은 대화를 나누고, 마음속에 있는 이야기를 쉽게 털어놓게 된다.

윗사람과 아랫사람 간의 위계질서를 강조하고 누가 어른이고, 형인가를 엄격하게 따지는 우리나라 가정문화와는 너무도 다르다. 부모가 말할 때는 말대꾸를 해서는 안 된다고 배웠다. 부모가 말하면 순종하는 것이 자식 된 도리이고 효도를 하는 것이라고 배워왔다. 그러니 자식이 어른이 되어도 부모와 자식 간에는 사실상 대화의 통로가 막히게 된다.

물론 어려서부터 유대인 가정처럼 대화 속에서 성장한 아이들도 많다. 이런 환경에서 자란 아이들은 어른이 되어도 부모와 불편한 관계가 생기면 소통으로 잘 해결한다. 대화를 많이 해야 마음의 벽을 쌓지 않고 힘든 순간이 생기면 마음을 털어놓으며 기댈 수가 있게 된다.

부모 자식 간의 사랑하는 마음이란『탈무드』의 방앗간 자식처럼 마음을 헤아려 주는 것이어야 한다. 적어도 "왜 살아 있을 때 서로 많은 이야기를 나누지 못했을까, 자식이 그토록 힘들어했는데 왜 내가 따뜻이 위로해 주거나 감싸주지 못했을까?" 하고 후회하거나, "왜 내가 아버지에게 가까이 다가가지 못했을까, 아버지는 얼마나 슬프고 외로우셨을까?" 하는 후회를 무덤 앞에서 슬피 울며 하지 말아야 한다.

곁에 있을 때 부모는 자식을, 자식은 부모를 늘 기념일 대하듯 마음을 다해 아낌없이 배려하고 희생해야 한다. 그것이 사랑하는 마음을 전하는 최고의 방법이다.

어떤 무리

갈대가 하나만 있을 때는 쉽게 부러지지만 갈대 100개가 한 묶음으로 모여 있을 때는 쉽게 부러지지 않는다.

개들을 한데 모아놓으면 무리 안에서 서로 싸우지만, 늑대가 나타나면 싸움을 그치고 힘을 합친다.

이처럼 싸움을 피하면서 서로 도우며 살아가는 무리는 어떤 위협에도 굴하지 않는다.

◆　◆　◆

뿔뿔이 흩어졌다 모인 유대 민족은 그들을 위협하는 세력에 둘러싸여 안전하지 못했지만 서로 돕고 의지했기에 오늘날 세계를 흔드는 힘을 발휘하고 있다.

사람의
마음을 얻어라

세상에서 가장 위대한 승리는 사람의 마음을 얻는 것이다.

– 발타자르 그라시안

　살면서 가장 힘든 일이 인간관계이고 특히 사람의 마음을 얻는
일이다. 어떻게 해야 사람의 마음을 움직일 수 있을까? 어떻게 하
면 사람의 마음을 얻을 수 있을까?
　『탈무드』에 이런 말이 있다.

　"입보다 귀를 높은 지위에 두어라."

　이 말은 많이 듣고 적게 말하라는 의미다.
　사람의 마음을 얻는 일은 쉽지 않다. 생텍쥐페리는 "세상에서 가

장 어려운 일이 사람의 마음을 얻는 일이다"라고 하였다. 스페인의
철학자 발타자르 그라시안은 "세상에서 가장 위대한 승리는 사람
의 마음을 얻는 것이다"라고 했다.

사람의 마음을 얻는 것, 특히 자기가 좋아하는 이성의 마음을 얻
기는 쉽지 않다.

셰익스피어의 소설에 나오는 로미오와 줄리엣의 사랑을 보아도
알 수 있다. 양쪽 집안의 반대로 이룰 수 없는 사랑이지만 둘은 마
음과 마음을 주고받았기에 서로 사랑에 빠진 것이다.

사람의 마음을 얻기 위해서는 가장 먼저 나의 마음부터 활짝 열
어두고 다가가야 한다. 내가 마음의 문을 열지 않으면 상대방의 마
음이 들어오지 못한다. 마음과 마음의 교류가 있어야 마음은 길을
내어 자유롭게 오가게 된다.

마음을 얻기 위해서는 따뜻하게, 친절하게, 겸손하게 다가가는
노력이 필요하다. 상대방을 먼저 생각하고 배려해야 서로의 감정
이 통해 공감을 부른다.

사람의 마음을 얻는 일이 세상에서 가장 어려운 일일지는 모르
겠지만 노력을 얼마만큼 하느냐에 따라 때로는 마음을 쉽게 얻기
도 하고 때로는 마음을 얻지 못한 채 등을 돌리게도 된다.

마음을 얻는 과정에서 나의 말을 상대방이 들어주지 않는다고 고민할 필요는 없다. 천천히 기다리며 내가 먼저 상대방의 말을 들어주면 된다. 그것도 그냥 지나가는 이야기처럼 듣는 것이 아니라 진실한 마음으로 진지하게 들어준다면 감동의 물결이 흘러 둘 사이를 가로막던 벽도 허물어질 것이다. 마음을 얻기 위해서는 감동이 두 마음을 흔들어놓아야 한다.

누군가에게 감동을 받았다고 하면 그 사람이 무엇으로 나를 감동하게 만들었는가를 천천히 생각해 보면 어떤 하나의 메시지가 나의 가슴 깊숙이 파고든다. 감동을 만들어내는 사람만이 사람의 마음을 움직이는 힘을 가지고 있다.

마음을 움직이게 되면, 서로 감동의 교류가 이루어지면 가슴이 따뜻해져 눈물이 흐르고 사람의 향기에 취한다.

꽃의 향기는 후각으로 느끼지만 사람의 향기는 가슴으로 느낀다. 그 사람 가슴에 들어가 내 향기를 남겨야 그 사람의 마음을 얻었다고 할 수 있다.

축복이 담긴
인사말

한 나그네가 오랫동안 여행하다 힘들고 지친 나머지 쉬어 가기
로 했다.

그는 시원한 나무 그늘을 찾아 등을 기대고, 열매를 먹으며 배고
픔을 달랬다.

또 나무 근처에 있는 샘물로 목을 축였다. 잠시 뒤, 다시 여행길
을 떠나려고 자리에서 일어선 나그네는 나무에게 말했다.

"나무야, 정말 고맙다. 너에게 무슨 말로 이 마음을 전해야 할지
모르겠구나. 네 열매가 잘 익기를 바라기에는 이미 충분히 맛이 좋
더구나. 시원한 나무 그늘도 가졌고, 네가 무럭무럭 자랄 수 있게

도와줄 물도 네 옆에는 이미 있단다. 그러니 내가 너에게 해줄 말은 이것뿐이구나. 네 열매 속 씨앗이 부지런히 자라 너처럼 훌륭한 나무들로 자라면 좋겠다."

우리는 누군가와 헤어질 때 축복을 빌어주고 싶을 때가 있다.

하지만 그 사람이 이미 똑똑하고, 부자인 데다 마음까지 착하다면 나그네처럼 이렇게 말해주어라.

"당신을 아는 사람들이, 당신이 보여준 그 훌륭함을 본받기 바랍니다."

◆　◆　◆

누군가가 건넨 칭찬 한마디가 큰 힘이 되어 사람의 운명을 바꾸기도 한다.

지금보다 훌륭하게 성장하는 밑거름이 되기도 한다.

용서,
살면서 가장 힘들고
어려운 일

누군가를 미워하고 있다면, 그 사람의 모습 속에 보이는
자신의 일부분을 미워하는 것이다.

- 헤르만 헤세

이스라엘의 텔아비브에 사는 엘론이라는 한 유대인 이야기이다.

어느 날 밤 그는 차를 몰고 팔레스타인 지역을 지나고 있었다. 그
때 한 청각장애를 가진 아이가 차 앞으로 갑자기 뛰어들었다. 엘론
의 차는 아이를 치고 말았고 아이는 그 자리에서 쓰러졌다. 그리고
숨이 멎었다.

그곳은 유대인들을 증오하는 팔레스타인 지역이었다. 피해자의
가족과 친구들이 당장 잔인한 보복을 할 것이 분명했다. 그러나 엘
론이라는 그리스도인은 그냥 달아날 수 없었다.

그는 차에서 내려 이미 숨이 끊긴 아이를 안고 마을 사람들이 이

아이를 거두어 가기를 울면서 기다렸다.

마을 전체가 충격과 슬픔에 휩싸였다. 동시에 그들은 유대인 가해자가 멈춰 서서 아이를 안고 기다리고 있었다는 사실에 더욱 놀랐다.

그들은 엘론에게 정해진 날짜에 마을에 와서 이슬람 법정에 서라고 했다. 그러나 사실 그 누구도 엘론이 돌아오리라 생각하지 않았기 때문에 사실상 풀어준 것이나 다름없었다.

법정에 설 날짜가 다가오자 엘론은 어떻게 해야 할지 고민이 되었다. 친구들은 하나님께서 풀어준 것이니 은혜로 알고 감사하며 법정에 나가지 말라고 조언했다. 그러나 그는 그 마을로 돌아가 법정에 섰다.

마을 사람들은 기대하지 않았던 그가 나타나자 또다시 놀랄 수밖에 없었다. 그에게 내려진 선고는 살인죄로 인한 유죄가 아니라 죽은 아이의 가정에 가족으로 입양돼야 한다는 판결이었다. 마을을 지나갈 때마다 아이 가족들을 방문하고 함께 식사를 해야 한다는 선고가 내려졌다.

전쟁의 기운이 맴도는 땅에서 예수님의 가정에 입양된 유대인이 이제 무슬림 가정에도 입양된 것이다. 결국 용서와 화해가 모두 이루어졌다.

"삶에서 가장 힘들고 어려운 일이 무엇일까?"

삶에서 가장 힘들고 어려우나, 꼭 해야 할 일은 용서가 아닐까. 잘못 없는 삶이 어디 있겠는가. 그러나 사람이 할 수 있는 가장 아름다운 것은 사랑하는 것이고 또 용서하는 것이다. 용서(容恕)는 '두 사람의 얼굴(容)에 같은(如) 마음(心)의 모습이 보이는 것'으로 상형풀이가 된다. 마음은 얼굴에 비쳐 보이게 마련인데, 둘 중 어느 한 사람이 조금이라도 언짢으면 얼굴이 밝지 않기 때문이다. 영어의 용서(Forgiving)는 '주기(Giving) 위한(For) 것'이다. 내가 먼저 주어야 한다.

『탈무드』에는 이런 이야기가 있다. 용서를 빌려는 마음이 있었는데도 실행하지 못하며 해를 넘기던 차에, 용서를 할 사람이 그만 돌아가셨다. 얼마나 괘씸스럽고 한스러운 마음을 품고 가셨을까. 이런 경우에는, 그 고인과 가까운 열두 사람을 찾아내어, 용서를 구하는 말씀을 전하고, 무덤으로 그분들을 모시고 가서, 그들 앞에서 용서를 빌어야 한다고 했다.

물론 용서에도 쉬운 용서가 있고 어려운 용서가 있다. 나의 능력이 충분해서 잘 풀리면 '쉬운 용서'일 것이고, 일을 풀어나가려고 애를 상당히 쓰는데도 능력의 한계를 벗어나 안 풀리면, 그것은 '어려운 용서'가 된다. 어쨌든 용서도 '지금(Now) 여기(Here)'에서 해결해야 한다.

누구든지 지금 이곳에서 용서를 구하고 용서를 받는 일이 가장 힘들고 어려운 일로 여겨질 것이다. 지금 이곳에서 마음에서 우러나서 하는 용서가 진정한 용서가 될 것이고 용서가 받아들여지면 몸과 마음이 자유를 찾게 된다. 자유를 찾는 것 그것이 용서의 끝이다.

『탈무드』에는 "참회하는 자에게 그전의 죄과에 대하여 생각하게 하지 말라"고 적혀 있다. 루소는 "과실을 부끄러워하라. 그러나 과실을 회개하는 것을 부끄러워하지 말라."고 했다.

용서는 스스로 끝없는 죄의 고백과 참회가 반복되면서 이루어진다. 잘못을 뉘우치고 마음을 새롭게 고쳐먹어야 섭섭한 마음, 증오의 마음 모두를 내려놓을 수 있다. 진정한 용서는 자유를 찾는 것이고 또 스스로를 따뜻하게 위로하는 것이다.

위로한다는 말은 무엇일까? 사전적 의미는 '따뜻한 말과 행동으로 괴로움을 덜거나 슬픔을 달래준다'이다. 말과 행동이 일치하여 용서하는 자, 용서받는 자의 괴로움과 슬픔을 달래줄 수 있어야 한다.

진정한 용서는 화해도 이루어져야 한다. 화해는 실로 어렵다. 진실을 인정하는 용기와 치러야 할 대가를 감당하는 담대함이 요구되기 때문이다.

　진정한 화해란 정의가 함께 실현되는 것이다. 값싼 화해란 존재하지 않는다. 용서는 정의가 해결되지 않아도 할 수 있다. 문제 해결이 안 되고 감정이 풀리지 않아도 용서할 수 있다. 그러나 화해는 거기서 한 걸음 더 앞으로 나아가는 것이다.

　결국 완전한 용서란 마음의 용서와 마음의 위로, 그리고 마음의 화해를 말한다.

판사 자격

　판사는 항상 겸손하고 언제나 선행만을 행하며 정확한 판별력과 위엄을 갖추어 지금까지 살아온 자취가 깨끗해야 한다.

　판사는 반드시 진실함과 평화를 모두 구해야 한다. 진실만을 따른다면 평화를 잃고 만다.

　그러므로 판사는 진실함과 평화로움을 함께 지킬 수 있는 방법을 찾아내야 한다. 이것이 바로 타협이다.

◆　　◆　　◆

재판에서 형을 언도하기 전, 판사는 자기 목이 매달리는 심정이어야 한다고 한다.

사람과 사람 사이에 있는 죄를 구분하고 엄하게 판결하려면 판사에게 그만큼 바른 생각과 자세 그리고 지혜로움이 있어야 한다.

모르는 사람에게
베푸는 친절은
천사에게 베푸는 친절과 같다

인생에서 중요한 세 가지는,
첫째도 친절, 둘째도 친절, 셋째도 친절이다.

– 헨리 제임스

어느 유대인 지역에 이름난 랍비가 살고 있었다. 그의 아들 또한 아버지 못지않게 정직하고 경건한 믿음을 가지고 있었다.

어느 날 아들이 랍비인 아버지에게 간절한 소원을 호소하였다.

"아버지, 성서에 등장하는 성인들을 만날 수는 없을까요?"

우리가 흔히 듣는 전설 같은 이야기에 의하면 죽은 자들도 1년에 몇 차례씩 이 땅 위에 내려온다고 하는데 이 아들도 그런 말을 믿고 있었던 것이다.

"그것은 네게 달려 있다. 항상 바르고 경건하게 생활하면 성인들도 만날 수 있지."

아버지의 이 같은 대답을 믿은 아들은 더욱 경건한 생활을 하기 위해 노력했다.

그러나 반년이 지나도 아버지는 아들에게 약속한 대로 성인들을 만나게 해줄 기색이 보이지 않아 아들이 물으면, "인내를 갖고 좀 더 기다려보거라"고 말하는 것이었다.

"오늘 착한 일을 했다고 하여 내일 당장 모세를 만날 수 있겠느냐?"

아버지의 대답이었다.

그러고 나서 또 1년의 시간이 지났지만 아버지의 태도에는 변화가 없었다.

그러던 어느 날 예배소에 남루한 거지가 찾아와 하루 저녁만 자고 가자고 하였다.

아들은 거지의 청을 냉정하게 거절하고 쫓아내었다.

"여기는 잠을 자는 여관이 아니고 경건한 예배소요. 어서 나가시오."

아무 생각 없이 거지를 쫓아낸 아들이 집에 돌아오니 아버지가 물었다.

"오늘도 후회 없는 하루를 보냈느냐?"

아들은 저녁때 있었던 거지와의 일을 숨김없이 말했다.

아들의 이야기를 들은 아버지 랍비는 하늘을 쳐다보며 긴 한숨을 내쉬었다.

"기회를 놓쳤구나. 바로 그 사람이 네가 기다리던 성서 속의 현자였단다."

아들은 너무도 기가 막히고 안타까워 다시 애원했다.

"아버지, 그렇다면 저는 평생 이 일을 후회하며 살아야 합니까? 돌이킬 수 있는 길은 없나요?"

아버지는 대답했다.

"또 기회는 있다. 하지만 그 기회가 언제 어떤 모습으로 너를 찾아올지는 알 수 없다."

위의 예화처럼 유대인에게 친절은 단순히 도덕이나 공공심 같은 교훈적 행위의 문제가 아니다. 친절을 베풀면 그만큼 지혜 있는 사람으로 성장해 가는 것이라고 생각한다. 그래서인지 아이가 어떤 친절을 베풀었다고 해도 부모는 칭찬해 주지 않는다. 칭찬을 기대하고서 남에게 친절하게 대하는 것도 그다지 평가해 주지 않는다.

유대인 부모들은 친절은 아이들의 마음이 얼마나 성장하느냐를 나타내는 행위라고 믿기 때문에 무조건 강요하거나 칭찬해 주지 않는다. 유대인이 아끼는 『구약성경』에는 친절과 관련된 여러 이야기가 전한다.

유명한 〈소돔과 고모라〉의 이야기는 친절이라는 지혜를 저버린 사람들의 죄를 표현한 것이라 할 수 있다.

"야훼께선 손수 하늘에서부터 유황불을 소돔과 고모라에 퍼부

으시어, 거기에 있는 도시들과 사람과 땅에 돋아난 푸성귀까지 모조리 태워버리셨다."

이것이 친절한 사람을 죽인 도시의 운명이다. 이처럼 친절은 최고의 지혜이면서, 한편 친절을 부정하는 행위는 최고의 벌을 받는 것이다.

또한 다른 사람으로부터 받은 친절에 대해 역시 친절로 보답하는 일은 가장 아름다운 행위로 묘사된다. 소년 시절 헬렌코츠라는 여교사로부터 피아노를 배운 유대계 음악가 레너드 번스타인이 어른이 된 후에도 그녀의 친절에 대해 성실한 마음으로 보답했다는 이야기는 널리 알려져 있다.

유대의 격언에 "손님이 기침을 하면 스푼을 내어드려라"라는 친절한 말이 있다. 손님으로선 식사 때 앞에 스푼이 없어도 주인한테 거리낌 없이 "스푼을 주시오"라고 말할 수 없다. 그래서 가볍게 기침을 하여 그 뜻을 전하면, 주인은 이내 그 눈치를 알아차려 친절하게 스푼을 갖다 주어야 한다는 말이다.

이처럼 친절이란 남으로부터 칭찬받기 위해서 보란 듯이 나타내는 행위가 아니라, 도리어 일상의 평범한 일에 마음을 전함으로써 나타내는 것이라고 유대의 어머니는 아이들에게 가르치고 있다. 친절이란 도덕이나 공공심에 맞는 행위이기 때문에 행하는 것이 아니라, 남을 배려하는 마음에서 행하는 것이라는 말이다. 그렇게 함으로써 남의 마음을 알게 되고, 반면 남의 친절을 받음으로써 그 것이 아이들 스스로의 지혜로 이어진다는 것이다.

친절에 대한 속담은 너무나 많다. 영국 속담에 "남이 나에게 해 주기를 바라는 바를 남에게 해주어라"고 했고, 스미스는 "남에게 친절함으로써 그 사람에게 준 유쾌함은 곧 자신에게 돌아온다"고 했다. 톨스토이는 "친절은 이 세상을 아름답게 만들며 모든 비난을 해결한다. 그리고 얽힌 것을 풀어헤치고, 어려운 일을 수월하게 만 들고, 암담한 것을 즐거움으로 바꾼다."고 했다. 괴테는 친절을 "사 회를 움직이는 황금의 쇠사슬"이라고 표현했다.

세상을 아름답게 하고 모든 비난을 해결하고 얽힌 것을 풀어헤 치며 어려운 일을 수월하게 만들고 암담한 것을 즐거움으로 바꾸 는 것이 있다면 그것은 바로 환한 얼굴에서 피어나는 친절함이다. 친절을 행하면서 웃지 않는 사람은 없을 것이다. 미소가 흐르는 얼 굴은 자신 있게 보이며, 그 표정은 용기 있어 보이기까지 한다.

친절은 몸에 배지 않으면 실천하기가 어렵다. 친절은 어디서나 환영받는다. 그리고 누구나 바라는 것이고 친절을 받을 때 거의 모 든 이가 기뻐할 것이며 감사의 마음도 생길 것이다. 마트나 음식점 을 가도 친절하게 대해주는 곳은 다음에 또 찾게 된다.

시인 마야 엔젤루는 "작은 미소 하나가 세상을 바꾼다"고 했고 슈바이처는 "친절은 많은 것을 이룰 수 있다. 태양이 얼음을 녹이듯이 오해와 불신과 적대감을 날려버린다."고 했다. 헨리 제임스는 "인생에서 중요한 것은 세 가지다. 첫째, 둘째, 셋째 모두 친절이다."고 주장했다.

친절은 감사하는 마음에서 나온다. 그래서 감사할수록 더 많은 것을 얻게 된다고 아인슈타인은 말했는지도 모른다.

감사하라. 감사의 마음이 친절을 낳는다. 이 친절은 상대방을 편하게 하고 나에게 만족을 안겨준다. 서로에게 작은 행복을 안겨준다. 자신이 베푸는 친절에 상대방의 감동을 이끌어내고 행복의 호르몬이라 부르는 세로토닌과 엔도르핀, 옥시토신이란 물질이 배출된다. 결국 내가 베푼 친절은 나에게 행복을 안겨주므로 나를 위한 선물이다.

언제 어디서나 아무런 조건 없이 미소 가득한 마음으로 친절을 베푼다면 받는 사람이나 주는 사람이나 세상에서 가장 아름다운 선택의 주인공이 되는 것이다. 아름다운 선택은 세상을 아름답게 만들어 모두가 행복한 세상이 되게 한다. 친절할까 말까 흔들릴 때는 『탈무드』에 나오는 말을 기억하자.

"하루를 행복하게 살기를 원하는가? 그렇다면 이발을 하라. 일주일을 행복하게 살고 싶은가? 그렇다면 여행을 하라. 한 달을 행복하게 살고 싶은가? 그렇다면 새 집으로 이사를 가라. 1년을 행복하게 살고 싶은가? 그렇다면 결혼을 하라. 일생을 행복하게 살고 싶은가? 그렇다면 이웃을 섬겨라."

내일 무슨 일이 일어날지는 아무도 알 수 없다.

내일도 살아 있을지, 아니면 죽을지 아무도 모른다.

이렇듯 모든 것이 혼란스럽고, 모든 것이 하나의 도전이고,

모든 것이 가능성으로만 존재하기 때문에 아름다운 것이다.

- 오쇼 라즈니쉬

유대인 1퍼센트 부의 지름길

초판 1쇄 인쇄 2020년 4월 20일
초판 1쇄 발행 2020년 4월 27일

지은이 | 김정한
펴낸이 | 김의수
펴낸곳 | 레몬북스(제396-2011-000158호)
주　소 | 경기도 고양시 일산서구 중앙로 1455 대우 시티프라자 802호
전　화 | 070-8886-8767
팩　스 | (031) 955-1580
이메일 | kus7777@hanmail.net

ISBN 979-11-85257-93-8 (03320)

이 도서의 국립중앙도서관 출판예정 도서목록(CIP)은 서지정보유통지원시스템 홈페이지
(http://seoji.nl.go.kr)와 국가자료 공동목록시스템(http://www.nl.go.kr/kolisnet)에서
이용하실 수 있습니다. (CIP제어번호: CIP2020012810)